中村淳彦

JN147811

ルポ　中年童貞

GS
幻冬舎新書
371

# はじめに

本書は中年童貞がどのような存在で、彼らが社会にどのような影響を及ぼしているのかを可視化するのが第一の目的である。

童貞とは「性交未経験の男性」のことだ。

国立社会保障人口問題研究所「第14回出生動向基本調査」(2010年)によると、20〜24歳の未婚男性で性交経験がない人は、40・5%と前回(2005年)に比べ6・9ポイント上昇。さらには、30〜34歳の未婚男性のうち、性交経験がない人の割合は26・1%となっている。おおよそ、4人に1人以上が童貞という計算だ。

この数値を元に計算すると、30歳以上の未婚男性はおおよそ800万人、全国に209万人の中年童貞がいることになる。これは長野県の総人口と、ほぼ同数だ。「出生動向基本調査」は5年ごとの調査で、性交経験のない男性はここ20年の間、上昇し続けている。

性交経験の有無や頻度、回数は、極めてパーソナルな問題であり、個人の自由だ。秘めたる性交経験が社会に影響を及ぼすわけがないじゃないか、と思われがちだが、性交未経験の男性は婚姻率の低下や少子化はもちろん、アイドルやアニメなどの娯楽産業、アダルトビデオや性風俗などの性産業の動向と密接に関わるだけでなく、職場においてはパワハラやセクハラなどの人間関係、労働の長時間化、離職率など、社会の根幹に関わるネガティブな問題に繋がっている、というのが私の仮説だ。

中年童貞の深刻さに気づいたのは、私が2008年に異業種参入で介護事業を始めてからである。

爆発的に需要が増える団塊世代が後期高齢者になる2025年に向けて、老人たちの介護を民間に委ねる介護保険が始まるなど、介護事業は日本の中で数少ない成長産業として、民間企業を中心に現在進行形で急拡大している。

ただ、元々不人気職種であるため、人材不足は深刻だ。極端な売り手市場であり、健康であれば誰でも介護職にありつける。本来、介護は経験と知識と技術によって高齢者の命を預かる専門職である。にもかかわらず、人材の選別はまったく機能していない。希望者全員が採用され、他業種ではありえない人材の異常な質の低下が全国的に進行している。

未経験なのに介護の世界に足を踏み入れてしまった私にも、うんざりするほどの様々な困難があった。困難のすべては介護を必要とする要介護高齢者ではなく、働く介護人材の問題である。そこではかなりの確率で30代、40代、50代の中年男性にぶつかった。彼らは総じて未婚中年男性たちだった。

どうして彼らが繰り返し人間関係でトラブルを起こすのか。深い疑問が浮かんだ。すべての問題は、彼らが周囲の人間と軋轢《あつれき》を起こしたり、他人を攻撃したり、イジメたりすることから始まる。その行動がいかによくないことか注意してもまったく理解してもらえない。彼らは決定的に物事の考え方や行動が周囲とはズレていた。

彼らは、全員、介護現場の末端でともに働いた男性たちだ。プライベートな会話の中で、彼らに直接的、または遠まわしに「セックス経験の有無」を訊ねたこともある。すると、全員が堂々と、または言い訳しながら「ない」と答えた。

一人や二人ならば単なる個人の性格や事業所の不運と思っただろうが、数年間に及んで何人もの中年男性が同じようなトラブルを起こし、その原因のほとんどは「決定的に物事の考え方や行動がズレている」ということは変わることがなかった。

私は介護現場の末端で、30歳を超えて性交未経験の中年男性に大きな問題が潜んでいることを確信した。

本書は「幻冬舎ｐｌｕｓ」というウェブサイトの連載を大幅に加筆し、再構成したものだ。

ここで〝中年童貞〟の定義をしておこう。

取材前は、生まれながらに障害のある男性や、同性愛者は本書の〝中年童貞〟から除外して考えた。女性と交際した経験がなく、性風俗にも行ったことのない30歳を超えた真正童貞男性を〝中年童貞〟、女性と交際した経験はないが、性風俗店でプロの女性相手に経験がある男性を〝素人童貞〟とした。

しかし、取材を進めていくうちに中年童貞なのか、素人童貞なのか簡単に区別できるものではないことに気づいた。すでに亡くなっていて確認のしようがない男性もいる。書籍化にあたっては〝素人童貞〟も含めて、プライベートな恋愛や人間関係で女性と性交体験がない男性を〝中年童貞〟としたい。

これほど大量の中年童貞は、１００％近い人が結婚していた時代には現れえなかった人々だ。1950年（昭和25年）の生涯未婚率は、わずか1・5%。それが2010年には20・1%に跳ね上がっている（男女共同参画白書 平成25年版）。彼らは、なぜ日本社会に生まれたのか。

個人的であるはずの性の問題だが、性意識ほど時代の価値観に左右されるものはない。そこには確実に現代社会が映し出される。〝中年童貞〟というレッテルを貼って論じることに様々な批判があることを承知の上で、彼らがいったいどのような存在であり、背景になにがあるのかを検証していきたい。

ルポ　中年童貞／目次

# 第一章　秋葉原は中年童貞天国

## リアルのない電脳の異界

〝石丸電気〟と書かれた赤い大きな看板が見える。

黒い水が緩やかに流れる神田川を越えると、ネオンきらめく電気街に突入して秋葉原駅に到着する。

秋葉原は戦前から電子製品はなんでも手に入る電気街として発展し、90年代後半以降はオタクの街として異様な熱気を放つようになった。移転した青果市場と操車場跡の空き地が生まれたことで、東京都と千代田区が本格的な再開発を展開。今では、東側は高層ビルが建ち並ぶＩＴタウンとなっている。強引に高架にした山手線と総武線が交差して十字架となり老朽した迷路のような秋葉原駅と電気街だけは、昭和時代そのままの姿で残っている。

２００５年8月に秋葉原駅とつくば駅を結ぶ首都圏新都市鉄道つくばエクスプレスが開通した。再開発と新鉄道開通、凸版印刷、山崎製パン、ＹＫＫ、加賀電子など多くの老舗企業が本社を移転。その同時期にオタク文化が急発展したことで、秋葉原駅の乗降客は約12万人から約40万人と急増している。秋葉原は電気の街から、世界が注目するＩＴとオタクの街に変貌した。

私が秋葉原に降り立ったのは〝中年童貞がいるのでは？〟と思ったからである。

電気街口を出ると、数えきれないほどのメイド姿の女の子たちが甘い声を出しながら男性たちにチラシを配っている。歩いているオタクたちは内向的な雰囲気を醸しているメガネ、メタボの男性が多く、性格は温厚で優しく真面目そうに見えた。

家電、フィギュア、トレーディングカード、メイド喫茶、電子部品、ＤＶＤなどの専門店が雑多に並ぶ、中央通りを右折して高架を越えて1分ほど歩くと、自動車工場派遣社員・加藤智大が「秋葉原で人を殺します。車でつっこんで車が使えなくなったらナイフを使います、みんなさようなら」と犯行予告をして14人を殺傷した交差点があった。

青空の下でオタクやメイドたち、サラリーマンが行き交うのを眺めていると、大量殺人が行われた現場とは思えない平穏な退廃があった。

交差点の向こうに、「女の子と恋をしようよ、恋の妖精の名にかけて」と二次元美少女たちが笑う巨大看板がある。8階建ての店舗に入ると、膨大な有名無名アイドルのＣＤとＤＶＤ、少女のフィギュアとアニメＤＶＤ、美少女ＰＣゲーム、18禁ＰＣゲームが販売されていた。最上階では毎日アイドルの卵たちがイベントを開催している。路上をうろつく大量のオタクたちは、少女のイメージが山のように積み上げられている入口に続々と吸い込まれていった。まるで美少女がオタクたちを捕食しているかのようだった。

秋葉原にあるのは独特な風景ばかりだ。

## 女性の裸を見て嘔吐する

歩いているオタクの多くは、童貞なのか。

最新のアニメDVD－BOXを買っていた40歳くらいの男性に「取材をさせてもらえませんか？」と声をかけたら、走って逃げられてしまった。歩行者を取材するのは困難であると判断して、友人の編集者に連絡して事情を話すと「秋葉原に詳しい人をそっちに向かわせるから」という。２時間後に電気街口に来てくれた高橋氏（仮名・42歳）は、中央通りを一つ曲がった路地でメイド喫茶を経営する人物だった。

「なんの取材ですか」と、高橋氏。

「二次元（アニメ・フィギュア）コンテンツとオタクと中年童貞です」と、正直に答えると苦笑いしている。

そのネタならば「（経営する）店から遠い方がいい」と言うので、ITタウンにある喫茶店に入る。上場企業サラリーマンやキャリア女性たちが闊歩《かっぽ》するITタウン側には、オタク男性たちは少ない。

「この街は童貞だらけですよ。中年童貞って何歳からですか？　30歳以上の童貞となるとたぶん渋谷とか新宿の100倍はいる。ここはアイドル以外のリアルがない電脳の異界ですから」

周囲にオタク系の人物がいないことを再確認すると、猛烈な勢いで喋りだした。一方的に喋るのはオタクの人たち独特の傾向で、この高橋氏もオタク的な人物である。

「二次元しか愛せないっていうオタクがいるけど、そのほとんどは方便ですよ。実際は現実の女の子に相手にされないから、二次元が好きというのが一般的です。最近はネットで叩かれるからみんな言わなくなったけどね。二次元しか好きになれないって言い訳、自己暗示。オタクの人に見られる傾向だけど、自己正当化するわけですね。非モテって言葉も同じように使われている。俺たちはモテないのではなく、モテたくないと。もちろん例外もあって現実の女の子からモテるルックスだけど、二次元しか興味がないって人もいる。それは若い世代に多いですね。

アニメの専門学校の学生から聞いたけど、学校でデッサンの授業がある。モデルの女の子が学校に来て裸でポーズをとって、それをデッサンする。そうすると嘔吐とか体調を崩す学生が続出するらしい。理由を聞くと、リアルな女は毛穴があって気持ちが悪いみたいなことを言ったりする」

女性に毛穴があるから嘔吐する――想像を絶する話がいきなり出てきて息をのんだ。

「幼女誘拐殺人がたまに起こって、オタクだからってことになるじゃないですか。それは間違っていて本当に二次元だけが好きな人は、リアルな幼女は誘拐しないわけです。だって興味がないから。二次元しか愛せないオタクは『だって、あいつら息をしているじゃないか』って言いますよ。リアルな女の子って呼吸するじゃないですか。動くじゃないですか。二次元キャラクターは息をしないので、それを愛してしまうとリアルな女性に大きな生理的違和感が起こるわけですね。まあ、そこまで重症のオタクは一部ですけど」

フィギュアや二次元アニメなど、ヴァーチャルなものに依存するオタクたちの症状は、予想以上に深刻なようだ。

## 処女でない女は人間ではない

二次元美少女キャラクターをめぐる状況が現在に至る発端は、1995年の「新世紀エヴァンゲリオン」といわれている。10代、20代前半の男性は生まれたときから二次元アニメが存在し、初めて好きになった異性が美少女キャラクターということも少なくない。

二次元に深入りしているオタク男性は、メーカーが続々と送り込む美少女キャラクターに惹かれ、愛情を注ぎ、性的な対象にしている。当然だが、美少女キャラクターは生身の人間ではなく、販売するために精巧に作られた電子イメージである。

パソコンが一般に普及したのは1995年以降。同時に美少女キャラクターも激増して現在進行形でクオリティを高めている。Windows 98が発表された1998年を秋葉原がオタクの街になった年だとすると、現在の40歳は、そのとき24歳、30歳は14歳、20歳は4歳である。異性を意識する思春期の中学生時代に、手の届くところに二次元キャラクターがあったかなかったかでその依存の深度、ヴァーチャルに愛情を注ぐことができるかどうかという性格は大きく変わってくるようだ。

「アニメ好きに共通しているのは年齢に関係なく、中学生や高校生のときに学校でモテなくて、不遇な環境の中で美少女キャラクターを性的対象にして、現実の世界から逃避していることです。学生時代に逃避して、そのまんま逃げ続けているパターンが多いのは30代まで。40代以降は大人になってからハマっているので、リアルな女に絶望してとか、それなりに苦悩した結果でしょうね。どちらも逃げているけど、思春期に逃げたか、大人になってから逃げたかの違いがあります」

中学生時代にモテる男など、クラスの1割程度ではないか。中学校で1割に入れなかったら、自分を見つめ直して高校デビューする。高校でもダメだったら大学でさらに挑戦か、得意分野に特化して女子の対象を絞るなど、試行錯誤を繰り返すはずである。

モテなくて頭を抱えた中学生時代からヴァーチャルな世界に逃避し、仮想の中で時間が止まっているとなると、現実に戻ったときにはなにも解決されていない。止まっている時間が長期に及ぶほど、環境や状態が悪化しているはずだ。

話を聞きながら、ふと自衛隊市ヶ谷駐屯地に乱入して自決をした三島由紀夫のエッセイを思いだした。

男性独自の冷静沈着、客観的な判断力というのは、多く童貞を失うことによって得られるものだからであります。童貞のあいだのものの考え方には、どうも禁欲からくるマイナスがある。「貞潔は、ある人々においては徳であるが、多くの者においては、ほとんど悪徳である」とニーチェも言っているとおりです。

（『行動学入門』）

男性の冷静沈着で客観的な判断力は、すべて現実に根づいている。現実に対する冷静で客観的な判断は、我々の社会を作る大きな要素の一つである。性とは個人的なものではなく、他者と親密な関係を築き社会に関わることだと考えるならば、中学校でぶつかった異性の壁を乗り越えられず時間が止まっているのは非常に危惧すべき事態である。

「年齢に関係なく、二次元好きなオタクに共通しているのは処女信仰です」

周囲を見わたして、隣席に聞こえないような小さな声となった。

「多くのオタクは、処女以外は人間じゃない、といった思想を持っています。40代、50代以上のオタクは、リアルな幼女と二次元に処女を見ている。80年代は普通に書店で幼女ヌードとか売っていたじゃないですか。思春期に成長途上の幼女が好きになり、児童ポルノ法で禁止されたあとは、二次元に移行していますね。若い世代は最初から美少女キャラクターに処女を見ているし、求めています。

処女信仰は、処女であることがなにより重要であるという考えです。処女じゃないと人間ではないっていうのは異常ですが、オタクにとっては当然の思考。愛情を注ぐのは必然的に幼い女の子になる。現に二次元美少女ってすべて幼い女の子のイメージじゃないですか。設定は18歳でも絵から受ける印象は小学校高学年から中学2年生くらいでしょう。だから、オタク産業のコンテンツは少女ばかりになるわけです。秋葉原のオタク文化は幼女性愛と密接に繋がりながら、今に至っているといえます」

確かに、交差点の向こうにあった巨大店舗で販売しているリアルなアイドル以外のコンテンツは、ほぼすべてが中学生以下を想像させる少女だった。モニターされているキャラクターの声も、幼さを感じさせる。

「オタクの強固な処女信仰は、単純に自分が童貞だから。彼らの中にはアニメのような恋をしたい、という強い願望と妄想がある。自分は童貞のまま運命の人とめぐりあって、それは理想の汚れなき女性で、結婚して、みたいな。ディテールは人それぞれですが、おそらく大枠は絵に描いたような恋愛を妄想している。オタクじゃなくても、恋愛をしないまま大人になっていくと理想が高くなるじゃないですか。それの究極系だと思いますね。理想の恋愛、完璧な恋愛を何十年も妄想し続けると、処女信仰に行きつくのでしょう。もう一つ他人に汚されていないことを求めるのは、女性に他人と比較されるのがこわいということもあるでしょうね」

## 貞操が中年童貞のプライド

パソコンが普及して二次元キャラクターが充実するオタク文化が始まるのが、1995年。不運なことにその前夜の1993年、リアルな女性の間でブルセラブームが起こっている。ブルマーやセーラー服をお金に換えた女子中学生たちは高校生でギャルになり、現在は美熟女として性を謳歌している。90年代後半以降にオタクたちが完璧な恋愛を妄想している間に、女性たちはまったく反対方向に大きく変貌してしまった。

女性たちは性を積極的に語るようになり、性風俗店やAVプロダクションには働きたい女性が自ら応募する。その一方で、18〜34歳の未婚女性の処女率は、国立社会保障人口問題研究所「出生動向基本調査」によると1987年に65・3%だったものが、2010年には38・7%と激減している。80年代以降、童貞は増えているのに対して、処女は減っている。さらに婚姻率も下がり続けている。恋愛に興味のない女性も増えてはいるが、オタク男性が妄想しているような理想の恋愛がしたいという声は聞こえてこない。

時代に逆行して貞潔や完璧な恋愛を求めるのは、三島由紀夫の言う「冷静な判断力を得られていない」ということか。三島由紀夫は、自決した四十数年後の日本でヴァーチャル美少女に依存し、メルヘンのような恋愛を妄想し続ける男性が激増することを予想していただろうか。少なくとも二次元アニメのような美少女で性格がよく、処女で、すべてを受け入れてくれる女性など、この世に存在しない。

現実を生きている以上、非現実的な妄想をして、時間を止めてしまうことは危険である。

「10代、20代はまだリアルに戻る可能性があるかもしれないけど、40代、50代の二次元に深くはまっているオタクは、ほとんど全員がそのまま死んでいくはずです。一生そのまま。よく童貞に『風俗行けば？』みたいなことを言う人がいるけど、彼らが性風俗に行くなどありえない。それは自分が汚れるから。30歳まで童貞だったら妖精になれるっていうフレーズがあるじゃないですか。その貞操は彼らのプライドです。ただ一つリア充に勝てるものと思っている。しかし、実際は現実から目を逸らして、アニメに逃避しているだけ。その一日一日でチャンスは失われているわけです」

二次元に依存するオタクのほとんどは、全員がそのまま死んでいく――。その言葉を聞いて呆然とした。どこにもないファンタジーを信じて、現実をなにも知らないまま死んでいくのはあまりに淋しくないか。

## オタク向け老人ホーム構想で死ぬまでオタクを囲い込む

メイドカフェ通りでは、「ときめきメモリアル」の藤崎詩織や「同級生」の桜井舞などのコスプレ女性が方々で客引きをしている。女の子たちはすごい数である。100メートルほど歩いただけで、十数人に声をかけられている。

神田明神通りにあるおでん缶の自動販売機を起点に、蔵前橋通りまでの直線の裏道は通称「メイドカフェ通り」といわれている。数十店舗のメイドカフェやメイドマッサージ店が密集する地帯だ。男性たちは数ある店舗のどこに行こうか迷い、立ち止まっている間に女の子たちから声をかけられ、恥ずかしそうに話している。

メイド喫茶経営者・高橋氏に紹介されたのが、某メーカーでアニメプロデューサーをする中里氏（仮名・38歳）だった。中里氏とはあるメイド喫茶で待ち合わせとなり、指定された店に入ると、ピンク色のロリータファッションの女の子に「おかえりなさい、ご主人様」と迎えられた。

「お待ち合わせは、あちらのご主人様でしょうか」

中里氏は高級スーツを着こなす紳士だった。メイド喫茶で遊び慣れた様子で、女の子と楽しげに会話をしている。

丸文字のフォントで描かれたメニューを眺めてみるとオムライス1500円、ハンバーグ1200円、ホットコーヒー300円と、ファミレスとさして変わらない値段設定である。料金は1時間500円でワンオーダー制らしい。安い。

「ご主人さま、パンダさんでいい？」

注文したオムライスが届くと、メイドの女の子がケチャップでパンダの絵を描いてくれた。さらに「じゃあ、一緒に、おまじないをしよう♡」と声をかけてくる。

おまじない？

「おいしくなーれ♪　おいしくなーれ♪　にゃんにゃんにゃん♪♪　やだぁ、ジャック様も一緒に」

ジャック様？

「おいしくなーれ♪　おいしくなーれ♪　にゃんにゃんにゃん♪♪」

メイドの女の子は両手でハートを作って、オムライスがおいしくなるおまじないをかけてくれるのだった。私は脱力した。しかし、経験したことのない悪くない感覚である。

「面白いですよね。ここは二次元と現実の中間、あの娘たちは二・五次元の女の子たちなんですよ」と、中里氏。

これがいわゆる「萌え」か。メイドカフェに初めて来た私は、斬新なサービスに衝撃を受けた。秋葉原のメイドカフェを筆頭としたメイド関連サービスの市場規模は105億円(『週刊ダイヤモンド』特集「アキバ変態」)に上るというが、誰でも楽しめる独特の世界観があり、浸透するのは理解できる。

中里氏に「現実社会でのオタク男性たち」について質問をした。

「世代によって変わってきます。団塊ジュニア以上の40代、50代のオタクの多くは、高収入のちゃんとした職に就いていますね。逆に若い世代になると無職で親にパラサイトしたり、不安定な非正規雇用だったりと厳しいです。今、秋葉原は00年代の勢いがありません。若い世代の所得が少ないから産業も衰退気味ですね。

基本的にオタクの人は真面目で、一つのことに集中できる職人気質な性格です。40代、50代の人の時代は、高卒とか大卒で就職できる会社に職人気質な人が高給をとれる仕事がたくさんあった。あと、公務員になった人とかも高給ですよね。現在の50代が該当する80年代初期のオタクは難関大学の学生が多く、難関になるほど大学生のロリコン率も高かった。真面目だからちゃんと就職するし、一度入社した会社を辞めないじゃないですか。転職もしない。だから、基本的にお金はある。妻も子供も恋人もいない彼らがそのお金を使ってくれたから、秋葉原系コンテンツは急拡大したのです」

日本のオタク産業と秋葉原が90年代後半から00年代にかけて大きく発展したのは、高い収入の大部分をコンテンツに消費するオタク男性がたくさん存在したからだという。市場母数は少ないのに規模は大きいという、特殊な市場を生んだのは40代以上の高齢オタク男性が高収入な職業に就いているからだった。

「若い世代は、社会構造が変わり就職できなくなった。今、就職に必要なのはオタク男性が持っている真面目さとか職人気質じゃなくて、コミュニケーション能力。オタクは就職活動しても、真っ先に弾かれる。IT系でも自分で営業して仕事をとってくるようなスキルが必要だし、居場所がない。40代以上はオタクであることを隠しながら普通の人と肩を並べて勉強して就職したけど、若い世代は10代の早い段階でダメだと諦めるようになった。それに脱落者があまりにも多いことから、オタクを隠さなくても生きていけるし、ニートですと平然と言える。要するに若いオタクが下層になったことによって、オタクに占める貧乏人の割合が増えた。若いオタクで親にパラサイトしながらアルバイトをしている人と、未婚で年収600万円の40代では、オタクコンテンツに注げる金額が一桁違ってくるわけです」

バンダイナムコやコナミを筆頭にアニメ、アダルト系メーカーは、オタクを囲い込み、お金を持っている中高年オタクが生涯所得を注ぎ込めるように商品開発しているという。企業は中高年のオタク男性は将来的に恋人ができたり、結婚したりすることはなく、一生オタクコンテンツに依存して終末を迎えると想定している。死ぬまでオタクを囲い込むため、オタク専門の特別養護老人ホーム建設を検討するアニメ関連会社も存在するようだ。

## 恋人が入った任天堂DSと1泊2日の恋愛旅行

00年代に秋葉原系コンテンツが大きな発展を遂げて、競争が始まったことで商品数は激増している。母数が少なく規模の大きい市場は、膨大な新規コンテンツを提供し続けて囲い込んだ男性を生涯にわたって離さない戦略を練る。

中里氏は過去と現在の、オタクの性質の違いを語り始めた。

「今は、リアルのアイドルが好きなオタクとアニメ好きは仲が悪い。昔のオタクは岡田斗司夫みたいな感じで、オタクコンテンツ全体を俯瞰してチェックするのが普通だった。彼らにとってオタクはコレクターだし、マニアだからいろんな情報を知っていることが誇り。だから昔のオタクは博識だし、今でも40代以上のオタクは高学歴でいろんな知識がある。若いオタクになるとアニメしか知らない、アイドルしか知らないという人が増えている。

インテリジェンスが低下して、ひたすら好きなものだけに逃避することが一般的なオタクになってしまった。

理由はコンテンツが多すぎること。もはやガンダム情報を網羅するだけで一人の人生では足りないほどの量になる。ガンダム以外を追っ掛けていられない。ＡＫＢもそう。人数があれだけいてグループがどんどん枝分かれして、ファンになったらＡＫＢ関係を追うだけで限界です。それはメーカーやプロダクションがオタクを囲い込んで、生涯独占しようっていう戦略なのです。だから趣味が細分化しすぎて、今のオタクは孤立している。同性の友達もいないオタクが増えている」

コンテンツの消費を続けるオタクは、企業に消費活動を操られながら、死ぬまで仮想商品を購入し続けるだけの人生を送る。過去の日本に前例がないだけに幸せなのか、不幸なのかよくわからない。好きなものに囲まれて、好きなものを買い続けている人生は幸せかもしれないが、それがリアルな女性の代替である二次元美少女となると、簡単には想像ができないディープな哀愁を感じる。

「生涯をかけてお金を注ぎ込むアイテムは、二次元美少女に依存している人だったらアニメＤＶＤになるでしょう。つまり、好きな少女のアニメを買い続ける。オタクには処女じゃないと許せないって純粋な人が多いけど、恋愛系のエロ美少女ゲームが好きな人は、自分は童貞なのに、たくさんの架空の美少女の処女を奪っていくわけです。性的に純粋なオタクの間でお前ずるい、卑怯者がやることだって派閥と、これは架空だから悪くないって派閥があって、ネット上で喧嘩したりしている。そんな世界ですよ」

中里氏はオタク男性のピュアな精神性を象徴する出来事として、2011年にDSソフト「ラブプラス＋」と熱海市が共同で繰り広げた「熱海ラブプラス＋現象」を挙げてくれた。DSの中にいる恋人と一緒に熱海旅行をするという企画で、料金は1泊2日3万9800円、記念式典には熱海市長まで駆けつけている。

「このゲームが画期的だったのは、ゲームが恋愛から始まるところ。今までの美少女ゲームは恋愛して、女の子と付き合ったらゴールだった。ラブプラス＋は女の子とどうやって付き合っていくかという内容で、熱海が重要なご当地として登場した。そこに目をつけた熱海市がコナミとタイアップして、大々的にオタクを熱海に集結させたわけです。オタクたちの恋人はDSの中にいるわけですね。旅館に泊まるのはオタク一人だけど、部屋には2組みの布団が敷いてある。オタクは、もう一つの布団に恋人であるDSを寝かせるのです」

活発に消費する40代以上のオタク男性には、企業だけでなく行政も注目し、どう高額商品を提供して可処分所得を奪っていくかという競争を繰り広げている。恋人がいるDSと熱海を旅して、熱海市民がそのデートを大歓迎し、旅館では一緒の部屋に布団を並べてDSと枕をともにする——なんと言えばいいのか、言葉が出ない。

## アニメ好きとアイドル好きのファッションは異なる

オタク概論として、最後に「オタクのファッションについて」訊ねてみた。昔からオタクは、特殊なファッションをしている。

「あのファッションはダサいんじゃなく、服にお金を限界までかけないと、結果論としてあの服に行きつくわけです。消費する優先順位がまずオタクコンテンツなので、服を手に入れて自分の見栄えをよくするって発想がない。それと他者が存在しない人が多いので、服装を気にする概念がないわけです。たまに収入が高くて服を買うオタクがいても、流行《はや》りに乗るのはリア充と同じってことでプライドが許さない。だからベルサーチに赤いバンダナしたり、奇天烈なスタイルになる。

あとアニメ好きとアイドル好きで服装は違います。アニメとか声優のファンは汚いけど、アイドルオタクはお洒落だったりする。アイドルは生身の女性で、秋葉原商法で直に触れ合うからです。握手会やサイン会などでアイドルにアピールしなければならなくて、そこには競争があるから、アイドルファンはお風呂も入るし、清潔。一方、アニメ好きは厳しい。歯を磨かないから虫歯になって溶けちゃってなくなっても、そのまま放置しているとか。ズボンのチャックが壊れても、そのまま歩いているとか、社会的に逸脱するオタクもたくさんいる。アニメ好きのオタクは服装が汚いダサいだけじゃなくて、他者がないから友達もいないし。まあ、そういう人たちです」

店内にいる男性たちは地味で内向的に見えるが、社会的に逸脱しているようなオタクはいなかった。メイドの女の子という他者がいるので、振り向いてもらうために競争があるということか。女の子たちと遠慮がちに会話して、恥ずかしそうに頬を緩め、みんな楽しそうだった。

「また来てね、ご主人様♡」

オムライスにおまじないをかけてくれた女の子が見送ってくれた。帰り際に渡された会員カードには〝こくみんしょう♡♡ジャック様〟と書いてあった。

私はこのメイド喫茶では〝ジャック〟という名前になったようだ。

## オタクばかりが集うシェアハウス

翌日、秋葉原にもう一度行った。中年童貞当事者と接触できないと、この秋葉原取材は終われない。

晴天の土曜日ということもあり、ビラを配っているメイド女性と男性たちの人数は倍増している。オタク街は活気に満ちていた。街中の至るところに地味で内向的な雰囲気を醸している男性がいたが、外見だけでは童貞か非童貞かはわかりようがない。

識者から聞いた秋葉原の男性像は、可処分所得の大部分を注ぎ込むほどアキバ系のコンテンツに依存する生活を送り、性格は生真面目で恋愛に関しては潔癖、セックス経験はなくて処女信仰が多数派。そうなると、内向的な性格を醸している男性はかなりの確率で童貞ということではないか。

編集者にも手伝ってもらいながら、秋葉原を歩いている地味で内向的な雰囲気の中年男性にランダムに声をかけた。取材前に童貞かどうか確認することはやめ、「顔も名前も出ない、二次元コンテンツについてのインタビュー」ということでオファーする。仮に取材過程で非童貞であることがわかったら、丁重にお礼を言って切り上げると決めた。

多くの人が行き来する秋葉原の交差点で編集者と、一人で歩いている中年男性に声をかける。何人かに「時間がないので」と断られたり、無視されたあと、一人の男性が応じてくれた。ここまでで20分くらいか。意外とあっさり見つかった。

本山太郎氏（仮名・32歳）は、一見して地味で内向的なタイプの男性だった。「今日は同人誌を買いに来ただけ」と言っている。徒歩圏にある自宅に帰るところらしい。知らない人間に声をかけられて立ち止まってしまったことに後悔しているようで、迷惑そうだったが、強く拒絶はされなかったので自宅近くまでついていくことにした。

「住んでいるのはシェアハウスです。秋葉原なのでオタクばかり、オタクシェアハウスです。本当に狭いので、中には入れないですよ」

なんと、オタクばかりが集うシェアハウスに居住しているという。個室の広さは超狭の1・5畳で、一緒に住んでいるのは12人。リビング、シャワー、トイレは共同で家賃は水道・光熱費込みで3万9500円という。

家路を黙々と辿る本山氏は、オタク街から離れ、国道4号線を日本橋方面に向かう。俯《うつむ》きながらの早足、自ら口を開くことはない。相当な人見知りのようだった。秋葉原のオタク街から15分くらい歩いただろうか。本山氏が「ここです」と指をさした先は、いくつもの中小企業の事業所が入る古いオフィスビルだった。

エレベーターを降りてドアをあけると、簡易的に作られた小さな個室の扉が並んでいる。漫画喫茶か、なにか動物の収容施設のようだった。一番奥には4人が座れる小さなテーブルが置いてあり、生活感は皆無で殺風景。すえた臭いが漂っている。

「ここは2年目かな。8年前に東京に出てきて、シェアハウスを転々としている。入居金が特別割引で2万円が1万円になっていて、秋葉原に近いのでいいかなって決めた。どの個室も1・5畳でカプセルホテルみたいな感じ。40代の無職のオジサンや、30代前半のフリーターが多くて、みんなオタクです。住人はバイトに行っているか、部屋に籠もってヘッドフォンしてネットとかアニメ観ているので静かですよ」

1・5畳の個室には、小さなデスクにノートパソコン、美少女系の同人誌や洋服が散らばって足の踏み場もない。壁には「中二病でも恋がしたい!」のポスターが貼ってあり、寝具は汚れた枕と薄いかけ布団だけで、たぶん留置場より住環境は悪い。

「仕事は日雇いの派遣で、日給7200円で週3、4回働いて月収10万円くらいじゃないですか。国民年金も健康保険もないです。年金とかわからないし、病院も行かないので不都合はないです。今の仕事はいいですね。毎日メンバーが変わるから人間関係もないし。コミケ(コミックマーケット)がある年末と夏には絶対に休めますし。飲食店とかコンビニとか、普通のアルバイトもしたことあるけど、昔から性格が飽きっぽくて1か所で働けない。人間関係も鬱陶しい。仕事にやりがいみたいなのは感じたことないから、すぐに行かなくなっちゃう」

本山氏の実家は、大阪。高校を中退して引きこもり、たまにアルバイトをしたりして過ごしてきた。8年前、自分を変えたいと東京に出てきたが、なにも変わらなかった。「やっぱり大阪のときと同じで、仕事も続かないし、人と会話があまりできない。なにも達成したことはないし、もういろいろ諦めています」

オタクシェアハウスは確かに静かである。それぞれの個室の奥に人の存在は感じるが、小さな物音だけで、それ以外はなにも聞こえない。我々のヒソヒソ話の声は周囲に響いているはずで、個室は狭すぎて足の踏み場もなく、とても取材ができる場所ではなかった。すぐ近くにある喫茶店へ移動した。

## 理想の女の子や友達の絵を描いて自分を納得させる

「学歴は高校中退です。勉強はまったくしなかったし、不登校だったし、最低偏差値の高校です。結局、中退みたいな。学校では目立たない方で、イジメられっ子ですらないです。

小学校から高校まで友達は一人もいないし、まったく存在感がなかった。誰も自分の顔も名前も知らないと思う。誰かといるのが好きじゃなくて、人付き合いはとにかく苦手。子供の頃から今に至るまで、人となにかをして心から楽しかったことは記憶にないです。家族は一応両親と姉がいるけど、あまり関わりたくない。鬱陶しいだけなので、東京に来てからは年に一度くらい電話で話すだけ」

自分のことを語りながら、諦めきった無表情で溜息をついていた。

他人とコミュニケーションがとれないことから始まり、社会や人間関係から孤立し続け、誰かに認知された経験すらない。小学校や中学校でのクラス内カーストを引きずったまま停滞している半生のようだった。社会的にアウトサイダーになったことは自覚していて、徹底的に諦め、なにも望まないことで日々を乗り切っているように見えた。

「女性と付き合ったりとか、風俗に行ったりとかってあります?」

童貞であることは間違いないと思ったが、一応確認のために訊いた。

「そんなもの、あるわけないじゃないですか」

吐き捨てるような即答だった。

「中学1年生で不登校になった頃、二次元にハマって自分で絵を描き始めたんです。オタク系の萌え絵です。可愛い理想の女の子を想像して描く、そんな感じ。具体的には、自分だけを見てくれる女の子、処女の女の子、今もたまに描いています。子供の頃から今まで、実際の女性とは話したことはほとんどない。女性との接点は二次元だけかな。自分の性格では絶対に女の人と喋れなくて、絵とか想像に想いをぶつけるみたいな。30歳を超えても、なにも変わっていない。男の絵も描くことがあるけど、それは理想の友達。理想を絵にしているって感じです。結局、中学1年のときから許されるギリギリくらいしか学校には行ってなくて、絵ばかり描いていました」

他者の存在する社会に出たいという願望はあるが、長い時間をかけて醸成された根強い諦めがあり、理想の絵を描くことで無理やり自分を納得させているようだった。

秋葉原で声をかけてから1時間半くらい経っただろうか。国道4号線を黙々と歩いているときは、ほとんど会話はできなかったが、だんだんと口数が多くなってくる。

「まあ、人と話したりするのは久しぶりなので……」

オタクシェアハウスでは住人同士は、挨拶程度。日雇い派遣の職場は毎日メンバーが変わる、家族とは断絶して故郷にも東京にも友達と呼べる人間は一人もいない、本山氏は誰かと会話する機会がまったくないという。

## 不遇だった中高生時代の記憶から逃れられない

現在、ハマっているアニメは、狭小な個室の壁にポスターを貼っている「中二病でも恋がしたい！」である。元中二病の男子高校生・富樫勇太と、現役中二病の女子高生である小鳥遊六花《たかなしりっか》という女の子が登場するラブコメディで、美少女と美少年ばかりの学園で喜怒哀楽に溢れた青春時代が描かれている。

「最近は六花が好きかな。思いっきり富樫に感情移入して観てますよ。自分も富樫みたいな中学、高校生活が送りたかった。深くハマってはいるけど、二次元と現実の境目はわかっているつもり。現実の女の人と話したり付き合ったりしたいって願望は捨ててはいないです。絶対に自分にはなにもないって諦めてはいるけど、もしかしたらって希望はある。二次元が現実になっちゃうまで落ちたくはないかな。仮想世界ってことは理解しています。でもアニメは楽しいし、アニメを観ていると現実から離れられるので、やめられない。アニメ好きも中学校のときとなにも変わってないです。収入が低いのでDVDを買うお金はないから、ネットの動画ですね。それかゲオのレンタル。主人公たちがどうなるか楽しみで、六花が可愛いので何度も何度も眺めています。アニメの話だったら、もしかしたら現実の女の人とできるかなと思うことはある。

秋葉原とか歩いていると、たまに美女と野獣みたいなカップルがいる。たぶんオタク系の趣味が一緒なのかな、オタクの男が現実の女の子と付き合っているのを眺めると本当に羨ましいって思う。僻《ひが》みですね。なんであんな奴に彼女がいるの、って。自分は被害妄想が強いし、女の人と話すときは壁を作って、なにも話せない。挨拶くらいはできても、日常会話は厳しい。無理です」

子供の頃から、自分にはなにも取り柄がないと思ってきた。女子はそんな自分と絶対に関わりたくないはずと思い込んでいる。小学校高学年以降、一度も女性と日常会話以上の会話をしたことがない。

どうしても萎縮して言葉に詰まる。被害妄想から緊張して、混乱する。また、言葉に詰まる。女性に対しては、その繰り返しである。

「六花は中二病で少し痛い感じ、それが可愛い。純粋だなって」

やはり、強固な処女信仰を持っていた。「中二病でも恋がしたい！」の小鳥遊六花はストーリーでは高校1年生だが、女子小学生のような幼さとあどけなさが残るキャラクターである。30歳を超えた大人の男が、恋愛対象にするようなタイプではない。未成熟な少女なので、当然大前提として処女である。

〝大人になっても不遇だった中学校、高校時代から抜けられず、時間が止まっている〟という童貞オタク男性の傾向を、本山氏は完全に踏襲していた。

## 童貞をなくしたら処女の女の子に相手にされなくなる

「非処女は誰かのお下がりなので嫌です。もし人生でエッチをするようなことがあるならば、誰かの処女をもらいたい。その人を自分だけのものにしたいって独占欲が強いです。まあ、できればって話だけど。付き合った男が一人くらいならば、友達程度で付き合えるかな。とてもエッチはできないですね。2、3人とかになると、もう考えたくない、人間じゃないって思っちゃうかも。処女はなにも知らなくて、綺麗で、失われていないからいいですね。付き合うのは処女が絶対条件です。最近の女の人で童貞好きみたいなことを言う人がいるけど、それは怖いです。自分だったら絶対に逃げます。もし自分がエッチの経験をしちゃったら処女の綺麗な女の子に相手にされなくなるだろうし、現実になる想像はつかないけど、理想の女の子に出会うまで待ち続けます」

本山氏は、1982年生まれ。有名人でいえば嵐の櫻井翔や相葉雅紀、プロ野球選手の内川聖一や内海哲也と同学年である。「経験人数が2、3人以上の女性は、もう考えられない。人間じゃないって思っちゃうかも」などという発言には年齢がまったく伴っていない。

「今の日雇い仕事に将来性がないとか、厳しいとかは考えたことないかな。子供の頃から将来のことを考えたことないです。メンタルが弱いので、そういうことからは逃げています。誰かに怒られるのが嫌で、今の仕事はあまり怒られないからいい。もし誰かに注意されたりしたら受け流せなくて、1週間とか引きずったりする。仕事に行けなくなる。前に日雇いだと安定しないから、家賃払えなくなったら困るって思ったことがあって、スーパーの面接に行ったことがあった。受かったけど、出勤日に行かなかった。東京には友達どころか、知っている人が誰もいないから、やっぱりなにか考えちゃうと生きていけない。思考停止ですね。日雇いでも不安にならないのは、路上生活とかで河原に住んでもいいかなって思っているからかな。そうなることは、想定している。怒られながら仕事をしたり、頑張るくらいなら、河原でホームレスをしていた方がいい。仕方ないです。

こんなことになったのは自分だけが悪い、そう思っています。自分に絶望しています。昔からずっと自分が嫌いで、明るい人とか妬ましくて、嫉妬心ばかりで。嫉妬をするのも疲れちゃったので、諦めの境地というか。8年前に東京に出てきて、最初の1年間でなにもかも諦めました。なにかしたいんじゃなくて、なにかあると思って東京に来たけど、なにもなかった。人と喋れればなにかあるかなと思ってミクシィとか登録して、オフ会みたいなのに行ったけど無理だった。もういいやって」

上京以来、日雇いの派遣仕事を継続している。前日16時までに働きたい希望を伝えると、条件と勤務場所がメールされる。そこに行って決められた時間、言われた仕事をこなして7200円をもらって帰ってくる。一勤一休というペースで働き、仕事が終わったら狭小の個室に籠もってアニメを眺める。何年間も、それだけの生活を送っている。

## 365日、AKBだけの生活

「今、総選挙をやっているでしょ。だから『ラブラドール・レトリバー劇場盤』を300枚買ったんだよ」

増井恵一氏（仮名・33歳）は、部屋中に散らばっている何十枚ものAKB48最新（取材時点）シングル「ラブラドール・レトリバー」を指さして、そう言った。1LDKの独り暮らしの部屋はポスターや生写真、DVD、トレーディングカードだらけ。まさにAKB48一色といった部屋だった。AKB48シングル選抜総選挙の投票初日である2014年5

月20日当日に段ボールで300枚ものCDが届き、そのうちの150票に徹夜でシリアルナンバーを打ち込んで投票したという。某アイドル雑誌の熱心な読者で編集部から紹介された。中年童貞であることは確認済みである。

「美桜《みお》は速報で22位だよ、7114票。去年は59位だから、150票は大きいよね。他の奴らなんてせいぜい20、30票程度でしょ。残り150票あるし、もうあと50枚くらいは買い足してブッ込みますよ。美桜は俺が支えているから」

増井氏はHKT48・朝長《ともなが》美桜のことを、妹か恋人のように「美桜」と呼んでいる。

全力をあげて推しているのは、福岡県福岡市を拠点としているAKB48の姉妹グループであるHKT48の2期生、朝長美桜。福岡出身の16歳の現役女子高生である。総選挙の速報はCD発売翌日に発表される。彼の言っている得票数は初日の数だ。AKB総選挙には300人近くの在籍する女の子が立候補し、CDに1枚の投票券が入っているシステムで、人気が数値として表れる。総選挙に勝つためには一人で50票、100票はおろか200票、300票を投票するトップオタと呼ばれる彼のような存在をどれだけ摑んでいるかが重要で、暫定首位の指原莉乃は3万8582票で圧倒的。朝長美桜の22位は大善戦といえる。

「美桜の魅力は、やっぱり可愛いところ。あとちょっとダメなところっていうか、歌も踊りも、コメントも、全部下手なの。頑張ってはいるけど、それに長けているメンバーと比べるとすべて劣っている。けど、ちょっと笑顔になるだけで、いいな、可愛いなって思わせるキャラクターがある。親近感があるというか、自分の妹みたいな。HKT48は美桜と田島芽瑠《たしまめる》って子がダブルセンターやっているけど、田島とか他のメンバーの方が技術的、能力的には優れている。だけど、美桜の方が断然いい。頑張っているなって、応援したくなる」

朝長美桜の生写真を見せてもらった。童顔のショートカット。幼い外見なのに胸はDカップ程度あるらしく、まさに二次元から現れたような美少女だった。また彼女も大前提として処女である。150票は増井氏一人の投票だが、選抜総選挙速報で22位となる人気も納得できる。

「AKB、HKTで合わせて年6、7枚はシングルを出しているけど、総選挙がなくても50枚くらいは買う。劇場盤シングルについてくる個別握手券は、1枚で10秒くらい握手できるって計算。50枚だと500秒。8分くらいになるでしょ。だから握手会では最後尾を狙って並ぶの。それで50枚を出して8分は無理でも、数分会話をしたりする。一推しの美桜は難しくても、他のメンバーも好きだから追加で5枚、10枚って買っている。去年の握手会では美桜のところの最後尾に並べて、初めて会話をしたけど、目の前にすると、緊張しちゃってろくに話せなかった。『ツアーどうなの？』とか『風邪ひかないでね』とか、あの曲でセンターをやって欲しいとかそんな程度の話ですよ。片言だったけど、話せたのは嬉しかったなぁ」

50枚以上の握手券を握りしめて、最後尾を狙うとは驚いた。朝長が一推しで、他にも兒玉遥《だまはるか》（HKT48）、大島涼花《りょうか》（AKB48）、須田亜香里（SKE48）など二推し、三推しがいるようで、握手会では状況判断をしながら誰かしらの最後尾を狙っている。最後尾がゲットできたら、緊張しながら約1分から数分の会話を楽しむ。現在、それが増井氏の唯一のリアルな女性との接触である。

## AKBにハマって300万円の貯金は残りわずか

増井氏は小学校から大学までである一貫校の学校法人勤務。事務作業が中心で職員の入れ替わりはほとんどない職場だという。独身女性との出会いもない。朝長美桜推しでわかるように「若くて可愛い女の子が好き」というロリコンの傾向があり、職場で女性を探そうとすると対象は女子生徒になってしまう。

年収は500万円程度で、月の手取りは30万円前後。用途は家賃と光熱費で9万円、食費で5万円。残り16万円はほぼすべてAKB、HKT関連で消費している。年数回発売されるAKBのシングルはメンバーと個別に握手ができる券がつく「劇場盤」を平均50枚（約5万円）購入して、総選挙になると市販のシングル（初回限定盤や通常盤）も合わせて200〜300枚（20万〜30万円）買う。モバイルサイトのファンクラブにも入会し、「会いに行けるアイドル」のコンセプトとなった劇場公演の抽選に当たれば秋葉原のAKB劇場だけでなく、博多や名古屋など地方まで公演を観に行くこともある。2万円程度するDVD－BOXも必ず購入する。さらには、ランダムに入っているメンバーの生写真や直筆サインが封入されるトレーディングカードを筆頭に、新しく出るグッズもひたすら買い続け、給料はきれいに使い果たす。数年前にAKBにハマってから300万円あった貯金はだんだんと減り、現在は30万円を切っている。

「HKTの劇場公演に当選したら交通費や宿泊代で8万円くらいはかかるし、シングルは5万円以上、総選挙は20万円くらい使っているし、本当にお金は出ていく。ただAKBや他のグループの女の子たちは頑張っているし、全力で応援して、握手会でありがとうって言われるだけで十分満足だよね」

学校には月曜～金曜に出勤する。定時の18時にはなるべく帰り、DMMで毎日配信されているAKB48、SKE48、NMB48、HKT48のライブ公演を鑑賞する。家に戻っている時間がないときは、学校近くの喫茶店に籠もってiPadを使って推しメンたちの今日の姿をチェックする。ライブ配信を堪能して家路に就くと、メンバーのブログやツイッター、Google＋（ファンの間では〝ぐぐたす〟の愛称で呼ばれる）をチェック。さらに握手会で知り合ったファンとは、LINEを中心に、参加しているAKB関連の20以上のコミュニティで日夜情報交換をして、AKB関連のライブDVDや雑誌、書籍をチェックする。そんなこんなで、気がつけば夜中になっている。

休日になると午前中から秋葉原をまわって、アイドルショップで生写真や直筆サインカードを購入。劇場公演に当選したときはAKB劇場で生鑑賞、外れてもモニターが置かれている劇場ロビーで観たりする。食事は秋葉原駅前にあるAKBカフェで食べて、SNSコミュニティで横の繋がりのある人たちとも会ったりする。仕事以外の時間はすべてAKBのファン活動に費やされている。

「AKBと出会うまでは、淋しいなとか、童貞が恥ずかしいかもって思うことはあったけど、今はそういうコンプレックスみたいなのは全然ない。普通の恋愛とか結婚とか諦めたし、そういうのは自分だけじゃないし、ライブとか握手会で美桜とも会えるしね。なんの問題もない」

増井氏は曇りのない笑顔で、そう言うのだった。

## かつて付き合った女性とはセックスしなかった

仕事以外の時間と稼いだお金のすべてをAKB関連に消費している。生きがい、恋愛、趣味、心の拠り所のすべてがAKBを応援することに凝縮されている。

朝長美桜と増井氏はアイドルとファンという関係だが、朝長美桜を恋人か妹のように想って応援しているので生活は決して孤独ではない。常に新譜が発売されて握手会があり、本人たちとSNSで繋がり、毎日ライブ公演が開催され、たくさんのグッズに囲まれている。確かに充実感という視点から見ると、一般的な恋愛と大差はない。

「女の子は昔から苦手。意識しすぎちゃうのかな。中学とか高校でモテるのは、運動が得意な人とかヤンキーでしょ。俺なんか何者でもなくて転校生で、女子にはまったく相手にされなかった。高校は大学付属の男子校に行って、まったく女っ気なし。男子校で女子と接触しているのは遊んでいる人たちだけなので、僕みたいな文化系のタイプは話にならないですね。高校3年間で女子と接触したのはゼロで、アニメにもアイドルにも走らなかった。ただラジオとかお笑いが好きなだけの地味なタイプだったね。

大学に入って女子がたくさんいる環境になっても、どうしていいかわからない。舞台芸術のサークルに入って、新入生歓迎コンパで挨拶をさせられた。男子校ノリで笑わせようとしてケツを出すみたいなことをしたんですね。そしたら女子から悲鳴があがるほどドン引きされて、え？　ってなった。傷つきやすい性格なので、だいぶ悩みましたよ。それで大学時代も女性とは縁なく過ごした」

大学卒業後、現在勤めている学校法人に就職した。社会人2年目のある日、大学サークルの旧友たちと飲み会があり、一つ学年が後輩の女性と隣同士になった。劇団やお笑いの話で意気投合して、それから二人で会うようになった。

「最初は僕のことが嫌いだったらしい。地味だから。学生時代はほとんど話したことはなかったけど、話してみたら気が合った。飲み会で再会して、職場も近くて、二人で会うようになった。数回飲みに行って、ディズニーランドとかでデートして、こっちからお付き合いしませんか？　みたいなことを言った。彼女は二つ返事で『いいよ』って。それで付き合うようになったわけ。初めての彼女ってこともあったし、その子のことをすごく好きだった。でも、約束をしていた日に寝坊したり、仕事で徹夜したから無理ってドタキャンしたり。そんなことばかりしていた。向こうも好きでいてくれるし、彼氏だから、許してくれるだろうくらいに思っていたのかな。好きだからこそ甘えるというか、そんな感じ。結局、エッチもしなかった。なにか女性を神格化しているというか、好きな女性に自分の汚い性欲をぶつけるのは申し訳ないっていう感覚がある。今でもそうだけど、女性をそういう対象にしてはいけないってどうしても思ってしまうんだよね」

なんと、増井氏は自分から肉体関係を求めなかったばかりか、彼女から誘われてもセックスをしなかったという。二人でお酒を飲んで、終電がなくなったことがあった。「じゃあ、どこか泊まろうよ」と彼女が提案して、ラブホテルに泊まった。増井氏は何度か一晩を共にしても、手を出さないように我慢したという。

「経験したことがないから。どうしていいかわからないし、怖かったという理由もあるけど、すごく好きという恋愛感情と性欲が繋がらなかった方が大きいかな。好きな人にそんな汚らわしい性欲をぶつけるのは望ましくない、申し訳ないみたいな気持ち。今もオナニーのネタはAVとかネットの動画ですね。AKBの女の子たちは絶対にネタにはしない。それはありえないかな」

彼女には最終的にフラれている。付き合いを始めて1年が経った頃である。

「ある日、結婚しますって突然言われた。子供できたって。なんだかわからなくて、『え?』ってなった。放心状態。子供ってことは誰かとエッチをしているわけで、そのときに初めて二股かけられていたことに気づいた。相手は同級生でマスコミ系の人だって、向こうから一方的に喋りだして、なにも言えなかった。黙って聞きながら、頭の中はなにか悪いことしたかなってパニックになって、ショックでしばらく立ち直れなかった。時間を置いて冷静に考えれば、彼女に甘えすぎていたし、最悪だって今だったら思えるけど、当時は本当に混乱した。何日も眠れなくて頭が痛くなって、仕事が手につかなくなった。眠れないし、食べられないし、きつかったですね。あんなに好きで大切に想っていたのに、女性とか人間って誰も信じられないんだ、みたいになって。仕事にも影響して頭が痛くて早退したり、朝起きられなくなったりして、心療内科に行ったら、典型的な鬱状態だって。しばらく静養した方がいいということで長期休暇をとったんですよ」

## 貞潔でないと朝長美桜を応援できない

人間不信になり、精神崩壊したのは2007年のことである。なにもする気が起こらずに家でボーッとしているとき、テレビ番組でＡＫＢ48に出会った。劇場で頑張っている女の子がいるとの報道で、暇つぶしに一度公演を観に行き、たくさんの女の子たちの一生懸命な姿を眺めてハマってしまった。篠田麻里子、宮澤佐江、渡辺麻友と推しの女の子を替えながら、だんだんとＡＫＢ中心の生活になり、ＨＫＴ48の登場あたりから生活のすべてが彼女らの応援となるトップオタになってしまった。

「応援していると楽しいし、元気が出るし、仕事も頑張れる。なにより、彼女たちは裏切らないからいい。失恋で女性は信じられなくなってしまったし、恋愛とか結婚とかは自分に必要ないって諦めた。アイドルとファンって関係は裏切られることがないし、信じられるし、心から応援できる。童貞とか気にしてないし、このままでいいって思う。風俗にも行く気はないかな。美桜とかＨＫＴの女の子たちが頑張っているのに、申し訳なくてそんなことできないよね」

朝長美桜を応援する。処女である彼女を好きでいるために自分も貞潔でないとイケナイと思っているようだった。貞潔でなくてもアイドルは応援できると思うが、増井氏はＡＫＢが提供する疑似恋愛の世界観に完全に浸っていた。

一度恋愛に失敗した経験で人間不信に陥って精神的に破綻したが、ＡＫＢに出会ってから鬱を克服して職場に復帰し、普通に社会生活を送っている。実際にその生活は充実して楽しそうだった。

秋葉原は女性たちに排除された、また女性たちから逃避した男性たちを優しく受け入れる楽園となっていた。様々なコンテンツが淋しさを埋めてくれるが、二次元アニメとアイドルファンを比べると、貞操を守ろうというタイプは二次元好きの方に多いようだ。生身の人間であるアイドルを応援する男性たちの方が現実に近いといえる。

背景には恋人も家族もいない男性たちに徹底的に幻想を提供し、消費させようという資本主義の原理があったが、消費する本人たちはいたって幸せそうだった。

# 第二章　妄想に生きる高学歴中年童貞

## 好きな女の子に相手にされずリストカット

２０１１年、エコノミスト・飯田泰之氏が「大学ランク別学生意識調査」を行い、〝大学偏差値別の童貞率〟についてアンケート調査を実施している。偏差値70以上（東大、一橋、早稲田、慶應義塾、上智）46・6％、60以上70未満（ＭＡＲＣＨなど）40・9％、50以上60未満（日東駒専など）34・3％、50未満28・2％と、大学の偏差値が高くなるほど童貞率が高くなるという結果だ。女子の性体験にも同じ傾向があり、大学の偏差値が高くなるほど処女率は高くなる。

勉強している時間が多く、遊んでいる時間が少ない人ほど難しい試験を突破するのは当然で、その傾向が顕著に大学の偏差値と童貞率に表れている。

山下博氏（仮名・34歳）は、某塗料メーカーの研究室に勤めている。女性経験はキスも手に触れたこともまったくない真正童貞で、偏差値70を超える旧帝大系大学工学部を卒業、そのまま大学院に進学し、応用化学を専攻してタンパク質やポリペプチドの研究に従事した。修士課程修了後、現在の研究室に就職して9年目を迎えている。

山下氏は陰鬱なオーラをまとった地味な男性だった。俯き、目を合わせず、ぎこちない挨拶を交わす。それだけでコミュニケーションが苦手なことがわかる。趣味はなく、休日は学生時代から信仰している新興宗教の活動をしている。人づてに取材のオファーをしたが、渋々応じてくれ、毎週通っているという東京近郊にある某宗教団体の本部近くの駅に呼びだされた。

「いろんな人に、いつも嫌われますね。職場でも上司とか営業の人間から煙たがられてい て、イジメみたいなことを受けています。私が高学歴だから僻んでいるんでしょうね。高学歴いびりかなって。うん、うん。イジメられることには慣れているので、今やっている宗教で乗り越えていこうと思って、けっこう信仰しています。恋人はもちろん、誰かに好かれるとか、友達と楽しくワイワイするみたいなこともほとんどなくて、○○会（新興宗教団体）と出会った。今もイジメみたいなことをしてくる人はいるけど、いずれ自分に跳ね返ってくるのにかわいそうな人と思っています。大学時代は精神的に問題があったけど、在学中に同じ学科の同級生の紹介で○○会に出会って精神状態がよくなった。教えに倣って祈ったら大学院にも受かったし。○○会に出会わなかったら真っ暗だったと思う。リストカットもやめられなかっただろうし」

なにも質問をしないうちから喋りだした。いきなり新興宗教の話が出て驚いたが、空気を読むとか、相手の顔色を窺うことは一切しないタイプのようだ。

子供の頃から人付き合いが苦手で、学生時代から現在の職場に至るまで周囲に溶け込めず、時にイジメのような扱いを受けている。本人はその長期間に及ぶ現実を〝一流大学院卒の高学歴だからイジメに遭っている〟と思い込んでいた。一般的には上場企業のホワイトカラーの職場で高学歴が理由でイジメに遭うとは考え難い。

日々精神的ダメージを受けているが、ある新興宗教を信仰することで癒やそうとして、その信仰がさらにズレを著しくしているようだ。会ったばかりの人間に新興宗教の話をするのは慎重になった方がよいと思うが、本人はいたって真面目に話している。

両手首には、昔の傷のようで目立たなくなってはいたが、ミミズ腫れのような傷痕が無数にあった。よく眺めると首筋の左側にも2本の切り裂いた傷痕が痛々しく残っていた。

「リストカットは、学部生の頃から。きっかけは失恋っていうか、好きな女の子に相手にされなかったのが原因だね。切ると楽になるのが続けちゃった理由だけど、何度か本当に死にたくて切ったこともある。それと、まわりの関心を惹きたかったからかな。でもね、切れば切るほどみんな逃げていった。切ることで、まわりの同級生とかその女の子に心配かけたかった。『大丈夫？』って言われたかった。学部生のときに好きな女の子を追いかけていたんですね。山村さんって子だった」

出身は、大分県の過疎地域である。地域の特性として世間体が重視され、有名大学出身者や有力資格の取得者、有名企業に所属する者などが褒め称えられて、町で話題になる傾向が昔からあった。母親はその価値観を踏襲して子供の頃から「勉強しなさい、いい大学に行きなさい」と言うのが口癖だった。

小学校低学年から勉強ばかりしていた。学習時間が長く、友達と遊ぶことはあまりなかった。母親に言われるままに予習復習を欠かさず、小学校時代から成績はトップクラスだった。学校内では勉強ができると評判だったが、イジメられるようになり、女子にモテるどころか、同性の友達もいない。女性との会話はほとんど経験がないまま高校を卒業し、某国立大学に進学している。18歳で地元を離れた。

上戸彩に似ているという山村さんと出会ったのは、大学3年のときである。

「山村さんは同じ大学でした。工学部応用化学科の同期ですね。大学3年のときに一緒に授業を受けるうちに好きになって、初恋みたいな感じかな。一緒に学食に行くくらいの仲にはなって、いつからか朝から晩まで山村さんのことを考える状態になった。しばらくして、僕から付き合いたいって話したんです。『無理』って、一言で断られた。山村さんにも喜んでもらえると思って、想いを伝えたのにショックで、それから精神状態がおかしくなって不眠が始まりました。夜眠れなくて、朝は起きられなくなって、学校の授業を休んだり、アルバイトもできなくなった。しばらくして長年付き合っている彼氏がいるって判明して、全然知らなくて、一方的にフラれたショックでリストカットをするようになった。精神的にツラいときに手首を切ると楽になるって記事をインターネットで見つけて、それでやってみたら本当にスーッと楽になるのでハマってしまった」

「無理」と一言でフラれても、山村さんを諦めることはできなかった。学校に行って教室に山村さんがいると、どうしても彼氏の存在を思い浮かべてしまう。嫉妬心と絶望感で頭がおかしくなりそうになった。衝動的に自傷をしたくなり、自宅に帰るまで待てない。いつからか学校のトイレでもリストカットをするようになった。

## フラれて精神病院に

山下氏はスイッチが入ると、話が止まらない。私は一方的に告白を聞いている状況だ。

「山村さんに、フラれるわけがないと思っていた。誰かを好きになるなんて初めての感情だったから、すぐに諦めるみたいなことはできなかった。告白をしたあとから、山村さんは僕を避けるようになった。目が合っても向こうから避けるし、廊下ですれ違いそうになると、どこかに逃げちゃうみたいな。勉強も手につかないし、眠れなくなってリストカットばかりするようになった。今、手首に残っている傷は、その当時のもの。何百回、何千回って切ったから10年以上経っても消えない。リストカットは、そのときは本当にスッキリする。絶望感が薄まる。でも、しばらくすると、また山村さんのことが浮かんでくるみたいな。また絶望感でいっぱいになって、切るみたいな。その繰り返し」

リストカットには、柄のついているカミソリを使った。両手首には生々しい傷が目立つようになり、頻繁に学内トイレに血痕が残っていることも問題になった。山下氏の日常的な自傷は同じクラスばかりか、大学全体の話題になった。担当教授の勧めで学校内のスクールカウンセリングを受けている。

「カウンセラーは、話は聞いてくれるけど、それだけ。リストカットはやめることができなかった。誰しも感情の周期ってあるじゃないですか、どうしても定期的に落ち込む。結局、半年くらいリストカットを続けた。切って傷が深まることで山村さんに心配してもらいたいみたいな気持ちもあったし、学校のカウンセラーにも看護師にももっと心配して欲しいって思っていた。誰かに心配されると、気持ちが少しおさまるというか」

そして、大事件が起こった。

授業が終わって大学を出ようとしたとき、校門の向こうから山村さんが歩いてきた。隣には見たことのない背の高い男が寄り添っていて、山村さんは楽しそうにスキップをするように歩いていた。すれ違ったとき、二人は笑顔のまま通り過ぎていった。

「首を切ったのは、そのときですね。その一緒に歩いていた男を彼氏と思い込んで、二人が通り過ぎた瞬間に死のうと思った。校門の前で手首と首を同時に切った。首と手首の動脈を同時にやったので異常な量の血が出て、校門の前は血まみれで悲鳴とか聞こえて大騒ぎになりました。首までやったことが決定的な理由になって、そのまま精神病院に送り込まれて閉鎖病棟に入った。病院では境界性人格障害って診断された。窓に鉄格子がついていて、刃物を持っていないか常にチェックされるみたいな環境で、4か月間くらい病院から出られなかった。朝、カミソリを使うときは監視の人がいるし、まあ、そんな環境です」

精神病院で出会ったのが、面会にやってきた同級生に勧められた新興宗教の○○会である。差し入れの会報や経典を読むと、信奉すれば幸せになるという教えだった。経典を熟読して祈ることを始めたところ、次第に自分自身の精神状態が好転したという。

山下氏は○○会に入信してからは小さなリストカットはたまにするものの、自殺未遂のような破滅的な行動は一度もとっていない。

「山村さんが就職するって聞いたので、見返すために精神病院の中で猛勉強を始めて、なんとか卒業して大学院にも受かった。専攻は学部と同じ応用化学です」

見返すため――山下氏には勉強ができるかできないか、学歴が高いか低いか、学校のレベルが高いか低いかしか価値基準がない。交際を断った山村さんを見返すために大学院進学を決めている。普通に考えれば大学院に進学したからといって、一言で断った山下氏を見直すなんてことはないと思うが、そういう客観性はまったく持ち合わせていない。

「山村さんのことが吹っ切れたのは、大学院の研究室の先輩で恵子さんって人が現れてから。次に好きになったのが、その人です。優しい綺麗な人でした。研究の方法とかいろいろ教えてもらって、日に日に好きという感情が大きくなった。でも、告白はしなかった。山村さんのときの精神的な後遺症みたいなものもあるし、リアルな恋愛は怖いって意識があって、なにも言えなかった。また精神崩壊したら、人生終わっちゃうなって。だからずっと、普通に同じ研究室の仲間みたいな感じで付き合っていました。それに大学院は期間が短くて、就職で離ればなれになる可能性が高いし、みんながみんな恋愛は避けている雰囲気があった。それで妄想する、妄想を。恵子さんと恋愛しているとか、裸で抱き合っているとか、結婚して一緒に住んでいるとか、暇さえあればそんなことを考え続けた。今考えると、変だけど、そんな感じでした」

妄想とは〝事実と異なることを、事実であると確信している状態〟である。

大学院の1年先輩、恵子さんへ想いを伝えて仲を深めることはしなかった。デートをしている、一緒に朝食を食べている、入浴している、裸で抱き合っている、結婚生活などなど、あらゆる場面の妄想をして精神的な満足を得ていたのである。

## 童貞は妄想の中で捨てた気がする

山下氏は思い立ったように大きなカバンを漁りだした。古いA4判の大学ノートに〝2004・5〜2005・2　日記〟と書かれている。

「大学院時代の日記には、恵子さんのことばかり書いていています」

女性のような丸みを帯びた文字で、週に2、3回の頻度で日記が綴ってある。ところどころに恵子さんへ向けてのメッセージが記述されていた。

2004・8・2
今度、貴方《あなた》と一緒にデートに行きたいです。

今は修士論文を書いていて忙しいと思いますが、論文提出が終わるまで、そっと見守っています。

僕は恵子さんのことを応援しています。だから恵子さんも僕のことを応援してください。

僕は将来、恵子さんと結婚したいと思っています。僕は貴方だけを見つめています。だから貴方も私だけを見ていてください。

あなたは僕に光をくれた女性です。今まで出会った人の中で貴方だけ違って見えます。

蛍の光のように優しく光っています。

もし貴方が大学院でそのまま研究職をするのならば、僕もそのまま博士課程に進んでそして結婚できればいいなぁと思っています。そして無敵の夫婦になりたいです。

二人ともすごく幸せになれると思います。

## 2004・9・7

恵子さん、こんなひ弱な僕をいつも見守ってくれてありがとう。僕はいつも恵子さんと話したりすると、気持ちが高ぶってしまうので、精神安定剤を飲んでいます。大学の保健管理センターでもらいました。それで、なんとかやっています。

僕は恵子さんが言った通り、博士課程に進まないで就職することにしました。やっぱり恵子さんが言っていたことは正しいと思いました。

僕が就職して、貴方も就職して、そしてそれから結婚して、僕がたくさん稼いで――とか思います。たとえ、研究室の他の奴らに嫌われても、貴方がいるから僕は頑張れます。

この前、僕ができなかったこと、貴方がなにも言わずに手伝ってくれてすごく嬉しかったです。

恵子さんは猫好きでよく野良猫を可愛がっていますね。僕も猫好きです。一緒に住んだら猫を飼いたいです。そして愛し合いたいです。

たぶん、恵子さんとは前世で夫婦だったと思います。お互い似た者同士だし、波長が合うし。いつも僕は恵子さんを見ています。恵子さんのマンションの場所も把握しています。なんかストーカーみたいですね。

2004・11・12
もうすぐ、僕と恵子さんは就職で離れてしまいます。それは昔の特攻隊と女学生みたいな感じで、身を引き裂かれる思いです。

でも僕は必ず恵子さんと結婚できると信じています。もう恵子さん以外にありえません。僕はほかの異性を好きになることはありません。貴方が毎晩夢にでてきます。

それで僕は毎晩幸せな気持ちになります。

僕は恵子さんとの思い出で一番楽しかったことは、研究室対抗のソフトボール大会で、貴方とキャッチボールして練習したことです。今度一緒にキャッチボールするときは、貴方と入籍してからだと思います。

恵子さんは横浜の研究室に行っちゃうけど、僕も関東に行けるように願っています。

そして仕事して何年か経ってから結婚できればいいと思っています。

僕は自分の苗字が大嫌いです。だから早く恵子さんの苗字になりたいです。

僕はいつも貴方を見ています。貴方は僕から離れられないと思います。僕は貴方と結婚することを信じています。

〝結婚〟という言葉が頻出する。彼と恵子さんは、現実にはただの同じ研究室の同僚というだけだ。恵子さんは山下氏に深い愛情を注がれているとは夢にも思っていない。山下氏だけが、妄想を日々大きくし、将来は恵子さんと結婚をすると信じているような状態である。

「恵子さんへの妄想は10年くらい続きました。今、同じ会社の新入社員に好きだなっていう女性がいて、その人が現れるまでずっと妄想していた。恵子さんが横浜の研究室に行って以来、まったく会ってないし、連絡もとってないので本当にもう10年くらい経っています。大学院時代も1年くらい研究室が一緒だったってだけなので、実際僕のことなんて覚えてないと思う。ホンの一時期、現実と妄想の区別がつかなくなりそうな瞬間もあったんです。一方的な妄想だけの関係。すごく幸せな場面だけを想像し続けるってけっこう楽しくて、十分に精神的な満足感を得られるというか。就職してからもずっと妄想は続けていました」

現在勤務する大手塗料メーカーには、入社して8年が経つ。

インクや接着剤にどんな成分を加えると見た目が美しくなるか、濃淡が出るかなどの化学分析を繰り返している。社内の人間関係に軋轢はあるが、ツラいことがあると恵子さんとのデートや結婚、肉体関係を想像して乗り切った。本当の現実逃避である。

「僕は現実的には童貞なのですが、恵子さんと何度も何度も抱き合ったりしているし、童貞って気がしない。だから童貞を捨てたいとか思わないし、風俗とか興味ないし、別にこのままでいいかなって思っていますね」

山下氏は久しぶりに恵子さんのことを思い出したのか、嬉しそうに笑みをこぼしながらそう言っていた。

## モテなすぎて死んだ鈴鹿イチロー

中年童貞には様々なタイプがいるが、大きくは低学歴、高学歴と分類ができるようだ。一人の作業である勉強だけはできるという中年童貞は多く、採用のハードルの低い労働集約型産業の末端に多く存在する低学歴の中年童貞とは明らかにタイプが異なる。

高学歴の中年童貞は勉強という成功体験がある。しかし、女性、コミュニケーションという壁が越えられずに排除されている。勉強、学歴という成功体験があり、学生時代の同級生たちの多くは社会の上層で生きているので、〝自分も本来はこんなはずじゃない〟と現実的なプライドが高い。それなのにうまくいかない人生に深く悩むのか、自傷に走る傾向があり、「生と死」のギリギリを生きている。

〝高学歴〟〝中年童貞〟という二つのワードで思い出したのがAV男優・鈴鹿イチローである。彼とは私が文筆業を始めたばかりの90年代後半にAVの撮影現場で出会った。AV男優になっても女性とセックスすることができず、だんだんと精神をおかしくして33歳で自殺した。常識や制度から外れてしまった人間たちが集まり、一獲千金を狙う職種の性格からか、アダルトビデオ業界には病気や老衰ではない不慮の事故で死ぬ人が多い。

昔の原稿を探すと、10年以上前の男性専門誌に私が鈴鹿イチローについて書いた記事があった。

2002年10月。AVメーカー・V&Rのスタッフが出演依頼の電話をかけたとき、母親らしき女性が「あの子は家のマンションから飛び降りて死んだ」と呟いた。鈴鹿イチロー（33）という特殊AV男優が、絶望を背負ってベランダの柵を越え、自らの命を絶った。

生を受けてからひたすら負けて、屈折に屈折を重ねて、徹底的に後ろ向きであり続けた男の悲惨な結末だった。無職で恋人を一度ももったことがなかった。毎晩、巨乳ビデオを借りてオナニーする。それだけが女との接点だった。揺れる乳を触ってみたくて、どうしても柔らかいあの乳に顔を埋めたくて、AV男優になろうと決意したとき、AV界のイチローになろうとイチローという名前をつけた。

飛び降りたのは十五階建て自宅高層マンションの最上階、黒いアスファルトに頭から落ちて即死だった。早朝五時近くの出来事だった。誰にも気づかれることなく、孤独に自殺したのである。鈴鹿イチローはAV男優になっても一発すらセックスできず、絶対に夢や理想や希望が叶うことのないこの世界を呪って、仕事も友達も恋人も楽しかった思い出もなにもなく、溢れんばかりの大きな絶望だけを抱えて、この世から消えていった。

(『ビデオ・ザ・ワールド』2003年11月号)

私が初めて鈴鹿イチローに会ったのは1998年、AVの撮影現場である。

当時はAVには遊び心がある時代だった。出演男優を公募オーディションするという企画で、そこに神戸在住の無職・鈴鹿イチローがやってきた。

「なぜAV男優に?」という主演AV女優の質問に、鈴鹿は真顔で「有名になりたい。アイドルになって、みんなを見返してやりたい」と答えていた。当時、鈴鹿イチローは28歳、無職で若ハゲである。本気の「アイドル」という言葉に衝撃を受けた。プライドが高く、一般的な客観性などまったくなかった。

それから忘年会や撮影現場で、たまに見かけた。話をすると「生きていてなにもよいことがない」と、だんだんとネガティブな発言が目立つようになった。2年後、自律神経が壊れたようで舌を絶え間なく痙攣させていた。とてもカメラの前に立てるような状態ではなかった。気持ち悪い鈴鹿イチローはAV女優たちに嫌がられる存在として重宝されて、5年間細々と仕事は継続したが、結局セックスができることはなかった。

AV関係者から鈴鹿イチローの死を聞いたとき、あいつなら死にそうだなと、さして驚かなかったことを覚えている。

しかし、童貞から脱するためにAV男優を志願するという前向きな心があった鈴鹿イチローは、なぜ死を選択するまで追いつめられたのか。

鈴鹿の実家は神戸の繁華街にある。撮影に呼ばれると、各駅停車に乗って時間をかけて上京した。死に場所となってしまった実家の高層マンションは、神戸の超一等地にある。

鈴鹿は裕福な家庭に生まれて、死ぬまで親にパラサイトしている。

幼い頃から勉強だけはできた。将来は医者か弁護士になりたいという夢があった。初めての挫折は、高校受験だった。神戸の超有名進学校からエリートとして羽ばたく華麗な人生を妄想したが、受験に落ちた。妥協した中堅校からのリベンジで数々の医学部を受験したが、それも全滅。結局、水産大学校という水産庁の付属機関に進学している。

鈴鹿は水産のようなマイナーな職業からは、医者ほどの華麗な将来を想像できなかったようだ。彼がまず欲しかったのは、圧倒的なステイタスだった。社会的地位があり、周囲から羨望の眼差しで見られ、女にモテまくる人間になりたかった。

## 一発逆転できる職業への憧れ

医者を諦めてから、〝圧倒的な勝者〟〝女にモテまくる〟という条件に合致するやりたいことは見つからなかった。バブル時代で就職は売り手市場であり、二部上場のあるメーカーに就職している。現在の世情では上場企業就職というだけでそれなりのステイタスがあるが、当時はサラリーマンとして世の中の歯車になるのはカッコ悪いという風潮があった。

鈴鹿にとってサラリーマンになることは、妥協だった。営業部に配属され1日で嫌になる。1週間後には「なんでこんな仕事をせなあかんのや」と上司に叫んで辞めてしまった。〝俺は人に頭を下げるようなレベルの低い人間ではない〟と、鈴鹿は本気で思っていた。

22歳、会社を辞めた頃に頭がハゲ始める。シャンプーすると毛がゴッソリ抜けて、額が広くなり、頭皮が見えるようになった。ハゲは女にバカにされる。ハゲは嫌いという女たちの声が四方八方から聞こえてきて、勝利を掴まぬうちにハゲたことに焦った。

その頃から、不幸な自分自身を呪うようになっている。絶対に譲れない女にモテる目標すら困難になり、新しい職業も見つからず、家に引きこもるようになった。鈴鹿の趣味は、貯金とゲームである。バイト代や親からのお小遣いを一銭も使わず貯め、通帳を眺めて少しずつ増えていく数字を確認するのが好きだった。鈴鹿にとって通帳の金額が唯一、心の拠り所だったのかもしれない。

貯金好きの鈴鹿は、本当にケチだった。AVメーカースタッフに神戸で会ったとき、「オマエ、奢れよ」と鈴鹿は言われたことがあった。彼は何度も拒絶したが、苦悩の末に駅前の立ち食いソバ屋に連れていき、なにが食べたいかを訊かずに180円のかけうどんを注文している。渋々、自分のぶんと合わせて360円を支払った。

長年無職が続く中で、すべてを一発逆転できる職業への憧れが強まった。職歴のない若ハゲという弱者が逆転できるのは有名人になるしかなかった。歌手かタレントになって誰もが知る存在になり、一刻も早く屈折だらけの人生にピリオドを打ちたかった。雑誌を立ち読みして、芸能事務所やテレビ局の住所を控えまくり、オーディションに応募した。成功を手に入れたいと、一通一通、合格してデビューする妄想をしながら書類を書いたが、ジャニーズのようなアイドル系は名前すら読まれることなく秒殺で書類落ち、俳優系もいくら送っても連絡は来なかった。歌も喋りもどちらかといえば苦手で、最後の妄想を実現するにはあまりにも厳しかった。

どれだけ落選しても、目立ちたいという想いは強まるばかりだった。テレビ番組のエキストラや素人企画にも応募し、少しでも自分が映った場面を録画した。そのテープを毎日すり切れるほど眺めるのが好きだった。

## のど自慢大会に合格しなかったら、俺死ぬから

夜と昼の生活は逆転した。昼過ぎまで眠って起きたら夕方までゲームをして、夜は新開地の繁華街を徘徊する。それが恋人はもちろん、友人すらいない鈴鹿の生活のすべてだった。ラブホテルに消えていくカップルを恨めしそうに眺めて、唇を噛みしめてアダルトビ

デオを借りて朝方までオナニーして寝る。それを繰り返している。

巨乳が好きだった。飯島直子の胸の膨らみで、何回絶頂に達したかわからない。芸能事務所から何年間も無視された鈴鹿は、AV男優として有名になるという変化球を思いついた。社会的地位が低いのが玉に瑕《きず》だが、大好きな巨乳を舐めて吸って顔を埋めて、セックスして、お金がもらえて有名になれれば最高、とまではいかないが、プライドの高い鈴鹿も納得できた。

29歳。素人男優公募企画に志願した。若ハゲでキモチ悪いルックスがスタッフたちに受けて、AV出演を果たした。顔がキモチ悪くてハゲているから面白がってキャスティングされただけだったが、鈴鹿は加藤鷹のような圧倒的な存在を狙っていた。何本出演してもAV女優からは嫌がられて、なかなかセックスまでたどりつけない。予定と全然違うAV男優生活だった。

女はホストみたいな男優が触ると喜んだが、鈴鹿が触ると睨んで「キモいんだよ」なんて言いだすのが常だった。社会的地位が低いAV男優すらつとまらない現実に絶望して、悩みすぎて神経を崩壊させた。31歳。舌の痙攣が止まらない神経症を患って、やることのない生活が災いしてアルコール依存になった。当然ハゲは進行する。毛のない額がつむじまで達して、波平さんみたいなルックスになったとき、鈴鹿はようやくキムタクみたいな圧倒的勝者の芸能人になることを諦めた。

鈴鹿イチロー最後の出演AVは、好きな人気AVアイドルの作品だった。神戸から青春18きっぷを買って各駅停車で東京に行くと、何度も雑誌とAVで眺めてオナニーした巨乳女優がいた。柔らかそうなお椀乳は、鈴鹿が長年妄想し続けた巨乳そのものだった。今日だけはセックスしたいと強く願ったが、舌の痙攣で口元が締められない鈴鹿が近づくと、AVアイドルは露骨に嫌な顔をした。いつものように出演者やスタッフたちに笑い者にされ、他のAV男優たちがキモチよさそうにファックを決めていた。鈴鹿は我慢ならなくなって、出番を待って控えていたAVアイドルの巨乳に手を伸ばした。カメラの前で笑顔を振りまいていたAVアイドルは、鬼のような目をして手を払いのけて「監督！　変な男がいるんですけど」と叫んで撮影は中断となった。

「こんな現場では仕事ができない!!」

撮影現場は大騒動になり、スタッフの説得でなんとか撮影は終わらせることができた。鈴鹿は、なぜ自分が触ると怒るのかわからなかった。「こんな仕事できない！」と怒りまくるAVアイドルを横目に、鈴鹿は人生を左右するある決断をしている。

「今度のＮＨＫのど自慢大会に合格しなかったら、俺死ぬから……」

そうポツリとつぶやいて、肩を落として神戸へと帰っていった。それがスタッフたちが眺めた鈴鹿の最後の姿だった。２週間後、鈴鹿イチローは自宅マンションから飛び降りた。心から願いながらも生涯一度もセックスすることなく、童貞のままアスファルトに頭を叩きつけた。

鈴鹿はＮＨＫのど自慢大会の神戸予選でマッチの「ギンギラギンにさりげなく」を熱唱した。両親が住む神戸の実家には、このとき拳を握りしめて歌う鈴鹿の写真が飾られている。

# 第三章　ネット右翼と中年童貞

## どこかに中年童貞はいませんか?

中年童貞は取材対象を見つけることが難しい。

私は風俗嬢やAV女優、アウトローなどの取材が多いライターだが、中年童貞を見つけて取材許可をもらう困難さは、それらの職業の人たちの比ではなかった。

婚姻率、性体験の調査などを眺めても30歳以上の童貞男性はかなり存在するはずだ。しかし、本人たちはその事実をひた隠しにしている。童貞の疑いのある中年男性を見つけて「もし、童貞だったらお願いしたい」という趣旨を遠まわしに頼むとよくて無視、多くは「ふざけるな、失礼だ」などとキレられたりする。

私は某エロ漫画誌編集部、介護業界、風俗業界、AV業界、学生時代の知人友人などに「どこかに中年童貞はいないか?」と伝えて探していた。

しばらくして友人から「ネトウヨ(ネット右翼)の中年童貞がいる」と連絡があった。SNSを使って反韓活動をしているようで、教えてもらったアカウントを眺めてみると過激な言葉が連なっていた。差別表現も含まれるが原文のまま引用する。

〝人類の想像を絶する邪悪さ。ヘイトこそがゴキブリチョンの本能。〟

〝いやいや、今やブサヨゴキブリメンヘルども主張は、「クマラスワミ報告はそもそもどこをどう読んだって吉田証言なんか採用してないニダ！　ネトウヨは息を吐くように嘘をついているニダ！」にシフトしているわけで。人格障害者の邪悪さ、卑劣さを舐めてはいけない。〟

〝「南京大虐殺や従軍慰安婦は数の問題ではないニダ！」とか喚いているブサヨゴキブリメンヘルどもが、「子供が被害に遭う事件数は統計的に減っているニダ！」「未成年による凶悪事件は統計的に減っているニダ！」とほざいていても、邪悪な人格障害者のいつものありふれた症状なんで驚きませんよ。〟

〝ちゃんと批判の声が出るだけ、同じ凶暴でも支那土人は一応人類だけあってゴキブリチョンとは違うね。人類ならざるゴキブリチョンなら、国を挙げて反日発言を英雄視したでしょ。〟

名前は仮名で宮田氏としようか。宮田氏はSNSに本名で登録して、辛辣な言葉を毎日つぶやいていた。

〝オラは今まで、たとえ友情を壊そうが自分の勤める会社をつぶそうが、支持してきた政治家や言論人に疎まれようが、相手がどんな団体・個人でも、権力の私物化と二枚舌だけは許してこない人生を四十四年間送ってきたんで、それを今更変えるつもりはないです。〟

と書いている。かなり腹をくくってネット右翼活動をしているようだった。

ネット右翼とはインターネットのSNSや掲示板などで右翼的、保守的、民族主義的な意見を主張する人たちの総称である。ネット右翼が注目されるようになったのは2011年7月、俳優の高岡蒼甫（現・奏輔）がフジテレビの番組編成が韓国に傾斜していることを批判したことに端を発して抗議デモが起こった頃からだろうか。

愛知県在住だが、仕事で頻繁に東京に来るようだ。上京日に取材をさせてもらうことになった。仕事といっても安価なショップでiPhoneを入手してすぐに違約金を払って解約、それを秋葉原の日本で最も高く買ってくれる店に売るということを繰り返している。それだけで年収150万円程度に達している。

「引きこもりで本を読んでいるだけなので、その金額稼げれば十分ですよ」

スキンヘッドに汚れたTシャツ姿、過激なつぶやきから想像していた通りの男性だった。年齢は44歳、見た目は年齢よりも若い。

## 名古屋大大学院修了。一日中ネットで反韓、反中をつぶやく

愛知県内のアパートは家賃4万円、最低限の収入を確保するために働くのは月5日程度。読書家であり、空いている時間は一日中本を読んでいるか、ネットに向かって反韓、反中のつぶやきをしている。

最終学歴は名古屋大学大学院の修士課程。意識的に半分無職という生活を送っていた。

「働くのが嫌ではないけど、必要以上に稼ごうとか、いい生活したいとか全然ない。最低限の衣食住があって、読書できればいいってずっと続けちゃっている。月5日働いてお金貯まったら家賃を払って、残り25日は読書するみたいな生活。読書が最優先って生活した

ら結果的にそうなった。

僕らの世代はフリーターとか自由にやろうってことが流行った時代で、子供の頃から大学卒業して就職、結婚して家庭を築くみたいなことはできない人間だって自覚があったので、不満も不安もまったくないですね。働かないで生きているんだから、恵まれているくらいに思っていますよ」

大学院修了後、一度だけ就職した。やりたい仕事もなく、アルバイト先から誘われた警備会社だった。そこで大きなトラブルを起こしている。

「コンピューターに詳しいってことで、正社員になって。すぐに経営陣とトラブルを起こした。僕のせいで会社潰したんです。警備業界はコンプライアンスなんて誰も考えていないブラックな業界で、でも本来は、警備業法で決まっている様々なことがある。会社に入ったばかりでなにもわからないから、あれとこれがコンプライアンス違反って経営陣に噛みついた。今思えば若気の至りだけど、当時は心から許せなくて警察と税務署に内部告発して新聞沙汰になって倒産しちゃった。警備会社はあぶれ者とかドロップアウトした人たちのセーフティネットとして機能している業界で、社会に本音と建前があるっていうことが当時はわからなかった。自己満足な正義感だけで暴走して、本当にたくさんの人に迷惑をかけた。その会社を倒産させちゃってからは、今のような半ニート生活です。もう16年経っている」

宮田氏はスキンヘッドで性欲が強そうな風貌である。とても童貞には見えない。「童貞ですか？」と確かめると、大きく頷いた。中年童貞であることはオープンにしている。どうして女性と接触ができなかったかを自覚してはいるものの、それが大きな悩みといったわけではないようだった。

「ネトウヨには中年童貞がメチャメチャ多いですよ」

中年童貞はオタク系男性が象徴しているが、正義感が強くて真面目な人が多い。それに加えてコミュニケーション能力が低いので融通が利かない。

不正や特権、既得権などに敏感で、人間関係が希薄なので時間があり、居場所がネットにある人が多い。韓国人や中国人がおかしいとチャットで議論をしているうちにレイシストになってしまう。そのような理由が重なって、「ネトウヨには中年童貞がメチャメチャ多いですよ」という状況のようだ。

## 子供の頃から融通が利かず正義感が強い

宮田氏には、就職した会社で融通が利かずに正義だけを主張して暴走し、会社を倒産させるまで追いつめる攻撃性がある。

日本は法治国家であり、当然個人や法人は法を守らねばならない。しかし、厳密に突きつめていくとキリがない。例えば道路交通法違反であっても、自分で安全を確認すれば赤信号でも渡る人はいる。法人は法令遵守が利益を生むわけではないので、どの業界にもある程度の本音と建前がある。正義や権利だけを主張していたら、経営がとてもまわらなくなる業界は多い。

融通が利かなくて正義感の強い宮田氏は、子供の頃から孤立。そのまま44年間、童貞を維持しているという状態だった。

「子供の頃からなにも変わってないですよ」

小学生の頃からクラスの誰とも喋らないが、勉強だけはできるというタイプだった。

「みんなと一緒に野球とかサッカーとか一切できない子供だった。イジメられっ子で、同級生と遊びに行くこともない。図書館に籠もって本を読んだり、一人でいるのが楽しかった。楽しかったというと語弊があるかな、コミュニケーションが苦手で人間関係から弾かれていた。そういう自分を認めるのが嫌で、〃俺は一人でいるのが好きだ〃って思い込んでいたわけです。

孤立すると、自分は間違っていないって自己正当化から始まる被害妄想とか誇大妄想が生まれるわけです。高校1年生のときは〃核戦争を起こそう、俺が〃って計画立てていましたから。そのために核ミサイルが必要だ、手に入れるためには核ミサイルのオペレーターにならなくては。アメリカ軍に入る必要がある。そのためには留学が必要だって。本気でそう考えていた。ノートに計画を緻密に書いて、ハーバード大学に留学とか綴っていた。決して社会への恨みじゃない。不正とか不倫とか、横領とか詐欺とかが溢れているこの世界は不良品だから、正義である自分が全部リセットして新しい世界を作ってやるみたいな。技術者的な感覚ですよ」

本当に本ばかり読んでいた。小学校高学年から海外文学を読み漁り、中学生からは哲学書に手を出している。教養や知識ばかりがどんどん膨らみ、中学1年のときには〃同級生は全員教養のないバカ〃と思うようになった。

「テレビとか報道で法をすり抜けて、嘘ばかりついて汚いことする政治家とか、そういう事件がしょっちゅうあるじゃないですか。不正を見逃せないのは潔癖、純粋な子供っぽい性格からでしょう。それがネット右翼活動にも繋がっている。昔より、その度合いは薄まっているけど、元々の人格なので決してなくならない」

誰とも話さず、本を読んでいるだけで十数年間も精神を支えられたのは、インターネットの存在があったから。読書以外は、チャットを中心に起きて寝るまでずっとパソコンをしていた。リアルな会話をしなくても承認欲求は満たされ、淋しくなることはなかった。ただ、リアルと違ってネットでの会話は、相手が見えないためにスイッチが入ると攻撃性が強くなる。

「ネットに集まるのは〝中年童貞みたいな奴〟が多いので、罵り合いが増えるわけですよ。就職した時期もあったけど、大学院時代からずっとコミュニケーション障害で、引きこもりだった。仕事しないでネットに張りついて、左翼思想の奴と喧嘩するのがガス抜きになっていた。ネトウヨと左翼が喧嘩するのはネット上だけ。左翼が〝お前らネットでしかものが言えない〟とか批判しだして、在特会とかが出てきた背景がある。基本的にネトウヨのすることとは左翼への反発、だからネトウヨはあくまでも多数派だった左翼のアンチという存在なのです。それが最近は逆転してネトウヨが多数派になってしまった」

インターネットの登場で社会はどんどんと個人主義になり、人々は狭量になっている。

それを突きつめていくと、レイシストとなり右傾化する。そして、ネット上でのマジョリティに現実世界の大多数が取り込まれる。左翼のアンチだったはずのネトウヨはこの数年で優位に立ち、どんどん巨大化している。そして、２０１４年の都知事選では田母神俊雄氏が61万票を集めるなど、政治的な影響を及ぼすまでになっている。

## 正義感溢れる僕がなぜ社会にも女にも受け入れられないの？

宮田氏が韓国という国に疑問を持ったのは、２００２年日韓ワールドカップからである。チャットや掲示板に疑問を書き込むことから始まって、ソーシャルネットワークが浸透してから本格的に反韓をつぶやくようになっている。

「きっかけは日韓ワールドカップのとき、その前段階として大学院生のときにマスコミへの不信があった。朝日新聞が事実を伝える前に自分たちの観念を伝えることに疑問を覚えて、韓国とマスコミ批判が一緒になって右翼思想になった。ワールドカップで確信したけど、韓国が関わると他の国では起きない不祥事、不都合、妨害が起きる。それを日本のマスコミはまったく伝えなかった。例えば当時、飯島愛がなにかの番組で〝韓国酷い〟って発言したら、翌日降板になっていたとか。他のマスコミも韓国にだけは目を瞑っていて、韓国に対する怒りより、韓国の不都合を書かない日本のマスコミへの怒りがあった」

反韓、反マスコミをつぶやき始めると同時に、左翼思想の人間たちと対立が始まってい る。宮田氏のSNSは、現在進行形で毎日のように左翼の人たちと罵り合いをしている。

「元々ネットと中年童貞みたいな奴は、親和性が高い。中年童貞みたいな奴というのはコミュ障（コミュニケーション障害）で引きこもっている人間って意味です。そもそも右か左かでいえば、数年前までは中年童貞みたいな奴は左翼に多かった。中年童貞で仕事もない女もいない、なんの取り柄もないのに、『差別はいけない』って発言するだけで褒められるから。自分が気持ちいいし、成り上がった気分に浸れる。建前だけの正義を発言するだけで、自己顕示欲が満たされるわけですね。だから数年前までは中年童貞みたいな奴は左翼ってのが基本だった」

ネットを居場所にして発信している人で、ぶれない軸を持っているのは一部である。大部分は多数派意見に流される。ここで宮田氏が言っている〝中年童貞みたいな奴〟とは、性体験の有無以前に多数意見に流されやすい中途半端な人間を指している。

反韓思想が爆発して、朝日新聞が不祥事を繰り返している現在は右翼に軍配が上がっている。流されやすい人は、必然的に左翼から右翼に流れることになる。

「今のネトウヨと中年童貞は、完全に繋がっている。ネットにはコミュニケーション能力が低くて不満を抱えている人が多いからね。自分のことはおいておいて、中年童貞のネトウヨは〝こんな正義感があって立派な人間である僕が、社会に受け入れられないのはおかしい。受け入れない女はおかしい。そんなおかしい社会を変えよう〟くらいに思っていますよ。自分自身が閉じ籠もってなにもよいことがない中で、不正とか不正義がどうしても許せない。数年前までは左翼だったけど、今は右翼の方が正義になっている。中年童貞みたいな奴はナショナリズムにすがっている。自分が主張できることの数少ない一つじゃないですか」

中年童貞はネット右翼になりやすい。人間関係や社会において孤立して不遇だったことも一つの理由のようだ。ネットの中での韓国人や朝鮮人への過剰なヘイトスピーチは、介護施設の末端で頻繁に起こっている弱い者イジメと同じ性質のようだ。

人間関係で成功体験が少ないので弱い者や不正義を働く者を、マジョリティ側に立った安全な匿名空間から一方的に叩くのである。

## 読書会で3人の女性を好きになり、エクセルで採点する

「こうやって普通に人と喋れるようになったのは、某読書会のおかげですよ」

宮田氏は中年童貞のマイナス面、ネトウヨの特徴、どうしてそうなったのかを客観的に話してくれる。そのように冷静に分析できる状態になったのは、5年前ある読書会に参加してからだった。

「参加したのは偶然です。僕はアニメオタクでもあって、たまたまオタク評論家の岡田斗司夫さんの著書をテーマに読書会が開催されるって情報を見つけた。僕はグッズとかには興味なくて、でも岡田斗司夫さんの読書会にはそそられた。実際行ったら最高で、大ハマりしちゃったわけです」

読書会では指定図書をあらかじめ読み込んだ様々な男女メンバーが、感想を語り合う。5年前、初参加したとき、宮田氏は久しぶりに女性と会話した。

「その読書会に参加している女性を好きになっちゃった。どうしようもないくらい」

恥ずかしそうに苦笑する。

「初めて女性と普通に会話して、世界が変わった。引きこもって誰とも話してこなかったから、対人関係とかコミュニケーション能力は成長していないわけです。読書会で女性た

ちに〝宮田さん凄い！〟って言われて、俺のことが好きなんだって勘違いが始まっちゃったわけです」

読書会で3人の女性を同時に好きになり、しかもその3人全員が自分のことが好きと勘違いしてしまった。普通に考えれば、同じサークルの中にいる3人の女性と同時期に相思相愛になることは常識的、確率的にありえない事態だが、宮田氏は本気でそう思ったそうだ。

「異常な妄想ですね。僕は3人とも好きだからどれも捨てられないって、悩みに悩んだ。責任者の人に『ありえない、妄想だ』って長い時間かけて説教されてね。すぐには理解できなくて、何十回も注意されて、やっと現実に気づいたみたいな。毎月読者会に参加して、なんだかんだで100人くらいの女性と接触して、人と多少なりともコミュニケーションがとれるようになりました」

誰よりも本を読んでいるので、博学である。読書会で持論を展開すると、女性たちから褒められる。それはあくまでも知識や考え方への賞賛であり、恋愛感情とはまったく別のものであるが、人間関係を築いたことのない宮田氏は、そのニュアンスがわからずモテていると勘違いしてしまった。

読書会では毎回、懇親会がある。そこでも博学を褒められ、たくさんの女性に好かれていると舞い上がった。働いていないので時間はたっぷりとある。家に帰って会話した女性たちを思いだし、エクセルで表を作って採点することにした。話しかけた、触った、笑った、褒めてくれたなど項目を作り、一人ひとりに数値を入力する。そこで高得点を叩きだしたのが前出の3人の女性だった。80点を超える数値が弾きだされたとき、彼女たちは「本当に俺のことが好きなんだ、データとして検証したので間違いない」と興奮で震えた。

「今思えば、普通に話しただけです。それで興奮してエクセルで計算までして、異常です。39歳まで本当に誰とも喋らないで生きてきたけど、百八十度意識が変わってしまった。人と話すのって面白いし、女性と話すのは超面白いって。参加した当初は一方的に喋って知識をひけらかすみたいな人間だったけど、だんだん人とはこうやって話せばいいんだって覚えたというか。女性が目の前に現れて変わっていった」

5年間で一般的なコミュニケーション能力は身につけたが、まだ童貞である。様々な女性と接触はしても、恋愛まで発展したことはない。

身振り手振りを交えて2時間喋りまくっている。だが、いつも中年童貞たちと話すときに覚える違和感は、ほとんどなかった。

誰ともコミュニケーションをとらない中年童貞が、40歳を目前にして人が集う場所に足を踏みいれて、そこで何年間か失敗を重ねながら自分自身を客観視している。初めて耳にした、中年以降に意識変革に成功して人生が好転したケースである。

## 童貞ネタは笑いとして聞いて欲しい

最後に、中年童貞である宮田氏に「中年童貞はどうすればいいのか？」と訊ねた。

「読書会に中年童貞がたまに来るけど、プライドが高いし、どうにもならない。無理でしょう」

宮田氏は意識変革に成功した張本人だが、自分を含めた中年童貞に対して辛辣に一刀両断した。

「僕の童貞ネタは笑いとして聞いて欲しいと思っているけど、他の人はそれが一切ない。自分を社会に相対化できていないから壁ができて、結果、童貞から抜けられないというか。基本は笑い飛ばせるかどうか。僕は〝童貞〟っていろんな人に笑われているけど、新しく読書会に来た童貞に対して同じことを言うと怒る。

中年童貞は自分のプライドが傷つけられることに異常に敏感なんですね。毎回びっくりする。成功者で高学歴、金を持っているけど女性だけは苦手、みたいな中年童貞以外は現実から離れすぎて、救いようがない」

宮田氏が掲げる中年童貞に多い属性は介護職員、農業関係者、ネット右翼の3種類だった。見かけた場所は読書会とチャット、掲示板などである。

「多くの中年童貞は〝素晴らしい俺様はどんな会社でも本当は活躍できるけど、仕方ないから介護程度はやってやる〟みたいな感覚。農業も一緒。介護も農業も国や自治体の政策で、補助金出して人を集めている。政策が絡むと失業者のセーフティネットになって、本当にとんでもない奴ばかりが集まる。職場が破壊されるのは当然、産業も破壊される。

今は社会的制度で介護と農業に流れているけど、昔は親が養っていたはず。ニートみたいに。ネット右翼にも〝俺、介護職です〟って奴がいっぱいいて、そいつらが目指すのは小説家。〝介護なんて糞仕事辞めて、一発逆転で小説家になる〟みたいな意識ですね。芥川賞に応募するとか堂々と書き込んだりしてますよ。本当になにも知らない。中年童貞なんて働かれてもまわりが迷惑なので、たまに議論されているベーシックインカムがいいでしょう。ベーシックインカムは、中年童貞を社会から隔離できるいい制度だと思いますよ」

ベーシックインカムは自由主義社会において、国民の最低所得を保障して現金を無条件に支給する制度である。貧困、社会保障の簡素化、行政コスト削減、犯罪の減少などの効果があるとされている。格差が社会問題となっていたスイスでは国民投票が行われている。

「介護とか農業で中年童貞とか、中年童貞みたいな奴にメンタルを破壊されて、ひどい目に遭っている人がたくさんいるじゃないですか。隔離しかないですね。僕は読書会で奇跡的にリハビリできたけど、それは本当にたまたま。基本的に無理だと思う。ベーシックインカムで国や国民は治安維持費用として、月に一人十数万円を使っていると思えばいいんですよ」

辛辣な言葉が飛び交うが、自分が中年童貞で中年童貞のことを深く理解している宮田氏の本心のようだ。

市場は国際化してさらなる格差が広がる流れにある。現在、介護や農業、ネットのチャットなどを居場所にしている中年童貞や中年童貞的な人々が、さらなる下層になることは間違いない。

宮田氏が提案するように、ベーシックインカムのような極端な制度を取り入れるしかないのか。まだ、私にはわからない。

# 第四章

# 女への絶望から男で童貞喪失

## 女性はなにかと値踏みするから嫌い

「ナカムラさん、あの人はなんなのですか。どうして、女がここにいるのですか。聞いてないです、聞いてないです」

松野博史氏（仮名・36歳）は待ち合わせ場所で、担当編集者である幻冬舎の竹村優子を指さして叫んだ。彼は竹村の姿を見た瞬間に涙目になって怒りだし、嫌悪感を剝きだしにして追い返してしまった。

中年童貞は繊細でナイーブである。

女性が同席することで取材が失敗する可能性は想定していたが、挨拶もしないうちに追い返されるのは予想外だった。申し訳なさそうに帰っていく彼女の後ろ姿を眺めながら、私は緊張した。なにか余計なことを言ったら傷つけてしまうのではないかと。

「女性嫌悪ですね。ミソジニーです。女性はなにか値踏みするじゃないですか。ブサイクとかバカとか、ダサいとか貧乏とか、つまらないとか時間の無駄とか。僕という存在自体を否定するというか。拒絶されることがわかるので、女性は嫌いです。だけど本心は普通に話したいし、他の男性のように性的な関係を持てるようになりたいと思っている」

女性が嫌いな理由は〝おそらく自分を受け入れてくれない〟という自信のなさと、自己嫌悪だった。回避である。自分を受け入れない存在なので嫌いだけど、本心は近づきたいし、できることならば仲よくなりたいという感情である。傷つきやすい心や性格が複雑に絡まっていくうちに先鋭化し、諦めて、〝嫌い〟と一刀両断しているようだった。

「まず、自分の外見に圧倒的に自信がない。女性に、絶対に受け入れてもらえないって自覚がある。もう傷つき尽くしたというか、ツライ想いをしたくないので女性と関わりたくない。例えば電車で座席に座っていて、自分の隣が空いているだけで精神的なダメージになる。僕がブサイクで生理的に受け付けないから、隣に座りたくないんだって思って、死にたくなる」

自己の外見に対して徹底的に低い評価を下し、それが精神的に閉じ籠もる大きな原因となっているようだったが、松野氏の外見は普通だった。いわゆる〝フツメン〟である。中肉中背、背は低くはない。色白でメガネをかけている顔は、真面目で知的な青年といった感じだ。「いや、ブサイクってことはないと思いますよ」と客観的な印象を伝えたが、顔をしかめて首を振る。

「女性が『イケメン』という単語を発しただけでも、その女性は『イケメン以外お断り＝

僕を拒絶している』と断定してしまって、恐怖や不信感を抱いてしまいます」

松野氏はIT系一部上場企業でシステムエンジニアをしている。地方の国立大学を卒業して、新卒で入社。勤続15年目である。

「自分が精神的におかしいってことは自覚している。会社でもやっぱり人間関係がうまくいかなくて、仕事では人に必要とされているかが自己評価の判断基準になっている。自分が無能で役立たずだと感じて、年2回ある業務評価で自己評価を0点にしたり、総合職から一般職への自主降格を申し入れたり。この前は会社で暴れてしまった……。うちの会社はだいたい30歳くらいで自動的に主任に昇格するけど、僕は昇進できなくて、5歳下の後輩が先に昇進した。後輩は積極性があって、コミュニケーション能力も高くて、人間力に絶望的な格差を感じている。後輩の昇進を聞いて、『自分は本当にダメな人間だ』と突発的におかしくなって、社内で自分の顔を鼻血が出るほどグーで殴って、みんなに止められた。自傷ですね。衝動的に自分を痛めつけないと気が済まないという。この数年間は自分に与えられる仕事と、後輩や他の人たちの仕事を比較して会社からの期待感が違うなって。自分の無能さを感じて惨めになって不安になって暴れて、それが理由で評価をまた下げるという悪循環。破滅的ですね」

## 男同士の性行為には優しい土壌がある

松野氏との出会いは、数日前、「私は中年童貞です。もし、よろしければ取材に協力させてください」というメールが来たことから始まった。

「本当は女性に好かれたくてモテたくて仕方がないのに、絶対にそれは叶わない。だから徹底的に逃げているのです。それが不可能になるように、自分の男性性を徹底的に壊して破壊して、潰して。本当は女性に受け入れて欲しいのに、逃げるように男性同性愛者のフリをしている。既成事実を作るために男性とセックスしたり、ネットでゲイ動画ホモ映像を観たり検索したり、男性を相手に性的興奮できるようになった。自己嫌悪に陥ります。本当は女性と話したり、普通に結婚したりしたい。けど、絶対に受け入れてもらえないから、男性性を捨てる自傷行為として性同一性障害に逃げているんです。元々男らしさがないことも含めて、性同一性障害は単なる言い訳です」

何度目かのメールで、そう書いている。

松野氏は女性にモテないことから同性愛を選択した。後天性の性同一性障害のようだ。性同一性障害は生物学的性別と性の自己意識が一致しないという障害だが、異性にモテないことが原因にもなるのかと驚いてしまった。メールアドレスには生物学的に男性で性の自己意識が女性であることを示す〝MtF〟という記号を使っている。

「休日ならば」と取材を受け入れてくれ、なるべく人がいないところでと、オフィス街のカラオケボックスを希望していた。松野氏は日曜日で閑散とした某オフィス街にカジュアルな姿でやってきた。服装も小綺麗で、見た目は極めて一般的である。

「さっき出版社の女性の人を追い返しちゃったけど、それはただ自分が逃げているだけ。表向きは味方か中立的なように見えても、心の中では自分を評価してディスカウントしているんじゃないかって怯える。女性と社会に怯えてばかりです。それで最近、社会から受け入れられつつあるセクシャルマイノリティを持ちだして、都合よく生きている感じです。でも、嘘ばかりなので、全然楽になれないですね。僕はたぶんゲイでもないし、バイでもないし、トランスジェンダーでもない。性同一性障害も偽物です。本当に性同一性障害なら、診断後にホルモン補充治療を受けますが、僕は躊躇《ためら》ってやっていない。他の当事者は喜んでどんどん進んでいくのに」

よく新宿のハッテン場に行くという。ハッテン場とは男性同性愛者の出会いの場で、大浴場があり、個室のある新宿2丁目のビジネスホテルが有名だ。行けば必ず誰かしら男性から誘われるようだ。男性同士では男女間と異なり、コミュニケーションが苦手だからと弾かれない。さらに性的な一線を越える壁が低く、誰でも受け入れてくれる優しい土壌があるようだ。

「男性としての自分を破壊しようと一時期は女性になりたいと思ったこともあった。美容や全身脱毛やダイエットに時間もお金もつぎ込んだけど、肉体は成長しきっているし、整形しても骨格は変わらないし、無理だった。だいぶ悩んで考えて、最終的に女性になりたいって願望は現実逃避って気づいた。単に女性に受け入れられないから逃げて、性同一性障害という概念を利用したわけです。自分が女性だったら僕みたいな男は嫌で絶対に受け入れない。だからハッテン場に行って孤独感を埋めているんです。ハッテン場では誘われたら、外国人でも年配でも、ほとんど応じます。まず断ることはないです」

ハッテン場では入場料を支払って、ガウンとタオルをもらう。風呂に入ってガウン姿で、施設内を歩きながら男性を探す。誘いの合図は無言で触ることである。会話は必要ない。誘いに応じるのだったら相手の手を握る、体を触る。拒否だったら素通りする。カップルとなったら、ベッドインする。バニラセックスと呼ばれるキスやペッティングだけでなく、当然最後のアナルセックスまでいくこともある。相手が射精したら営みは終了となる。松野氏はこの数年、ハッテン場やセクシャルマイノリティのサークルを居場所にしている。

## 祖母の心ない発言が多大なストレスに

人見知りやコミュニケーションが苦手で女性とうまく付き合えないということから始まり、女性嫌悪、自傷癖、摂食障害、性同一性障害、回避性人格障害や境界性人格障害の疑いと数々の深刻な問題を抱えるまでこじらせている。そして、それを自覚して長年悩んでいる。

松野氏の場合、異性愛にこだわらなければ〝童貞〟とはいえないかもしれない。しかし、本人は、女性との関係を求めており、逃避としての同性愛であることを自覚している。

どうして、そのような状態になってしまったのか。

「2歳で父親が交通事故死して、それからめちゃくちゃです。最初は父方の家庭にいて、イザコザがあって母とマンションに引っ越した。それから母と母方の祖父母と暮らすようになった。9歳のときに祖父が亡くなって。母は保育士だったので忙しくて、祖母に育てられた。祖母から毎日ねちねち注意や否定される日々で、例えば自転車で走って転んだら、『あんた物を壊す天才やな』とか、祖母の意向で小1から塾に通わされて、でも『他の子はピアノしてて、野球して、勉強もして。でも、あんた遊んでいるだけやん』とか。他人と比べられて攻撃されて、卑屈な感情が生まれて、10歳の頃には男子からイジメを受けるようなタイプになっていた。祖母から言われた一言一言で自信を失って、怯えるようになって、人によっては流せることでも傷つくようになった気がする。今ならば会社が嫌なら転職とか地元が嫌なら海外とか、いろんな手段があるけど、当時は祖母と暮らす家庭という空間がすべてだったので逃げ場がなかった。その感覚を今でも引きずって、自分ではなにもできないという感覚を持っている」

祖母の心ない一言がストレスやダメージとなって、長い時間をかけて蓄積され、壊れてしまったようだ。子供の人生を支配しようとする毒親問題の変形だった。

自信を失って、やがて言葉を発しなくなり、クラスで浮くようになった。数々の小さなイジメにも遭っている。

「中1でバレンタインがあって、義理チョコを食べている男子がいた。そのあとに体育があって、教師が〝チョコの匂いがする！〟って怒りだした。そのときチョコを食べていた男子が〝これは松野の匂いだ〟って僕の名前を言って責任転嫁しようとしたり。あとは中2のとき。小学校時代に仲がよかった女子が中学になって悪い道に走った。その子に部活に行く途中で『昔から好きだった』と言われたんです。それが翌日、『告白もしてないのに、告白されたと言いふらしている』っていうことになっていた。僕が一方的に悪いって。

その女子から『お前なんか誰も好きにならねーよ』って恫喝されて絶望しました」

記憶に刻まれている〝事件〟は、おそらく誰にでも一つや二つ経験がある些細なことばかりだった。普通の人なら少し時間が経てば忘れるようなことを、よく覚えている。一つひとつが傷として刻まれて、20年以上経った現在も引きずっているように見えた。

「頭を拳銃で撃たれたような感覚です。生きる価値がないみたいな。そうなってしまう一番の原因は自分の外見がブサイクであり、バカで無能でつまらない人間であることです。考えれば考えるほど絶望的になって、自分みたいな人間は誰も相手にしない、仲よくなるなんて相手に申し訳ない、そんな風に思ってしまう。恋愛や性的な関係とか、人間関係とか。男子からは『こいつ見た目がダメ、ダサい奴だから軽んじていい』という評価で、女子からは拒否。生理的に受けつけない。男女両方から相手にされない、生きる価値がないみたいな感じです」

思い出したように高校1年のとき、クラスで起こった事件の話を始めた。

「高1のとき、罰ゲームとして告白された。モテなそうな奴がいたらターゲットにして、異性が嘘の告白をして楽しむみたいな遊びというか、イジメみたいなのが流行っていた。ターゲットにされたとき、怪しいと思ったけど、言われている方はわからない。半分真に受けて緊張していたら、クラスのみんなが大笑いしていた。屈辱ですね。男子から女子に対してもあって、可愛くない女子にわざと告白して反応を楽しんだり。他人を傷つけるゲームで人間そのものを信用できなくなった」

仲がよかったはずの女子に恫喝されたこと、嘘の告白をされて大笑いされたことが原因となって、女性に恐怖と猜疑心《さいぎしん》を覚えている。外見に自信がないので〝どうせ心の中でバカにしている、見下している〟と自己完結するようになり、女性だけでなく人間という存在自体すらも嫌悪するようになった。

## 一番大切なのは人から愛されること

「加藤智大には共感する。たくさんの共通点がある」

２００８年６月８日。25歳の工場派遣社員・加藤智大が秋葉原の交差点にトラックで突っ込み、無差別に７人を殺している。加藤は「負け組は生まれながらに負け組」と自覚しているネット民で、掲示板に犯行予告をして事件を起こした。事件後、加藤は〝神〟〝教祖〟〝救世主〟と多くのネット内の男性に共感された。

「自分と似ている。加藤は愛してくれる人が一人でもいればよかった、って言っているんです。社会的に孤立してネット掲示板でも無視されて、自分はここにいる！　ってアピールをしたかったのが秋葉原事件の動機だった。その背景として母親が教育熱心で、虐待みたいなことをされていたんですよね」

加藤智大は小学校時代の成績はオール5の優等生だった。高卒の両親は学歴コンプレックスがあり、加藤が一流大学へ進学することを熱望していた。母親はスパルタ的に勉強をさせて、加藤は中学までトップクラスの成績を維持している。高校までは順風満帆で県内有数の進学校に進学したが、高校時代に息切れして成績は下降した。そして、そのまま非正規雇用職を転々とする〝負け組〟となってしまった。

「僕が突発的に起こしてしまう自傷も同じ。どうしても感情が抑えきれなくなって爆発しちゃうみたいな。それと元兵庫県議会議員の野々村竜太郎にも共感した。本来なら〝ごめんなさい、お金盗《と》りました、返却して議員も辞めます〟と答えればいいのに、〝自分は少子高齢化に向けてこんなに頑張っているから勘弁して！　なんでわかってくれないんだ！　勘弁してほしい〟と甘えで逃げる。自分の弱さと向き合えないから、そうなる。だから僕はなんとか向き合おうと、こうやって話したりしている。反面教師にしたいんですね。パソコン遠隔操作で捕まった片山祐輔も他人事とは思えなかった。片山は高校時代に外見が理由でイジメられて、ルックスに深いコンプレックスを持っていた。犯人は自分だと書き込んだり、隠れた自己顕示欲も同じかなって。あと、永山則夫の転職癖も。行く先々で仕事の熱心さを認められていたのに、些細なミスを注意されただけで消えるところが。僕が今の職場を辞められないのも、同じように転職癖がついてしまうと思うから。もう望みなんてないのに。

あと、僕は資格マニアなんです。自己顕示欲の表れ。高校時代からなにか人と差別化したくて、漢検とか英検とか、大学では技術系の資格をたくさん取得して。履歴書にたくさん書く。〝自分はこういう人間です〟って口でアピールすればいいのに、勲章を見せるみたいな。自分に自信がないから外部の価値観を利用して、自分の優位性を誇示したいっていう表れですね。他人からの賞賛を求めているわけです」

自分自身を理解して、変わりたいという意志を感じる。しかしあまりに長い時間こじらせて、心が負のカオスとなってしまったためにまだまだ混乱していた。

「なにかのタイミングで死ねばいいかなって思っています。でも生きるならば、たぶん一番大事なのは人から愛されることですね。それに対する期待感が残っているから死ぬ度胸がない。無理なのに。仕事、恋愛、家族で充実感を満たす。だから死なないで生きるならば、普通に一般的な男性として女性と結婚して、子供を作ってマイホームを持つみたいな人間になりたい。自分の存在が相手にいい影響を及ぼしていることを感じることが幸せでしょう。それと、他人からの外部的な評価で自分を満たせるようになりたい。認められないと自棄《やけ》になる僕は、本当に先ほどの犯罪者たち、加藤智大らとなにも変わらない。

今、僕を求めてくれるのはハッテン場しかない。性的欲求とか承認欲求とか孤独感を満たしてくれる場所が、今はそこしかなくて。こんなところで油を売らず、本当はまともに仕事や日常の人間関係で愛されたいし、承認欲求を満たしたい。満たされる場を少しずつ広げていきたい。普通の人みたいに。今は、子供は欲しいけど、妻はいらないって思っている。でも最終的には方向転換できればいいな。普通に女性と結婚して普通の生活をする。子供を作って子供が自立するまで頑張る、そうしたい」

おそらく父親が交通事故死することなく、祖母と暮らすことがなければ、性的マイノリティを言い訳にすることはなく、結婚もして人並みに昇進もして普通の男性サラリーマンとして生きていたのではなかろうか。しかし、彼は自覚して変化を望んでいる。最も高い壁である〝自分を知る〟という壁を越えている。自身が希望するような状況になるのも時間の問題ではなかろうか。

## どうして女は強い種に惹かれるのか――自殺したＡＶ女優・美咲沙耶

松野氏の取材を終えた帰り道、私は7年前に自殺したＡＶ女優・美咲沙耶と、彼女に好意を寄せていた広瀬君（仮名・39歳）のことを思いだした。

「ナカムラさん、今いいですか……実は、美咲沙耶が死にました。5日前に自殺したみたいです」

２００７年7月12日深夜、美咲沙耶と共通の友人である元ＡＶメーカー社員の広瀬君から電話があった。いつもとは様子の違った憔悴しきった弱々しい声だった。私は驚きでしばらく声が出なかった。

広瀬君は当時、激しいＡＶ女優間の競争に身を投じて、売れずに悩んでいた美咲沙耶と密接に友人関係を築き、彼女に対して仕事を超えた好意を寄せていた。内気な性格で、現在も過去も恋人がいた話は聞いたことがない。直接は確認していないが、広瀬君が中年童貞である可能性は高い。そんな広瀬君が初めて積極的にアプローチした女性が美咲沙耶だった。

淫乱売りのＡＶ女優と中年童貞。言葉にすると、違和感のある組み合わせだ。しかし、美咲沙耶も広瀬君も進学校出身で育ちの環境はよく、決して不釣り合いではなかった。AV業界のように経歴を一切問わずに様々な種類の人間が群れている世界では、自分と似たような環境を歩んできた人と会うとホッとする。美咲と広瀬君が接近した理由は、私にはよく理解できた。

自殺の数か月前、憔悴する美咲沙耶の周囲から人がどんどん離れていき、最後まで彼女を支えようとしたのが広瀬君だった。自殺の約2週間前、２００７年6月22日明け方近く、美咲沙耶は広瀬君に電話をしている。そのとき広瀬君は勇気を出して、生まれて初めて女性に対して好意を告げた。

「深夜から明け方にかけてでした。2時間くらい話した。なにもかもうまくいかないって言っていた。オーディションも合格を信じていたけどダメだったし、元カレともダメ。気を紛らわせるために他の人と恋愛みたいなことをしたけど、それもダメ。私ってダメですよね、どうしたらいいんでしょう? って言われたとき、僕は覚悟を決めて、自分があなたを支えますってことを話した。信じていいんですか? って言うから、いいよって。わかりました、信じますって。それで翌23日の20時くらいに代々木の近くで会おうってなった。一つ予定が入っているから終わったら電話しますって言うので待っていたけど、連絡が来ない。ようやく20時過ぎですかね、やっぱり今日はキャンセルしてもいいですかって連絡が来ました。それが彼女との最後の会話です」

広瀬君は自分に自信がなく、女性や恋愛が苦手である。そして、おそらく中年童貞である。精神的におかしくなっていく美咲沙耶を眺めて初めて、自分が好きな女性をなんとかすると腹をくくった。

「6月22日、23日に電話で話したとき、はっきり好きだから付き合おう、全部忘れなよって言ってあげればよかった。転職したばかりだったし、自信がなかったし、不安もあって、はっきりと言えなかった。それが悔やまれます。23日にもし会っていたら、彼女は生きることができたんじゃないかって」

私も、美咲は、広瀬君の優しさにすがり、思うようにはならなかったAV女優のことは忘れて、第二の人生をやり直せばよかったと思う。彼女は、県内有数の進学校出身で教養があり、あらゆる能力が高かった。今頃、一般社会で普通に活躍していたはずだ。

彼女は死の直前に不倫したり、〝チャラチャラ〟系の軽い男にSOSを出したりしていたが、勇気を振り絞った広瀬君を受け入れることはなかった。

女性はどうして深く考えることなく、常に〝強い種〟を持っていそうな男に惹かれるのだろうか。モテるのは、いつの時代もヤンキー、運動部のエースである。女性は、無条件に強者を選択する。私は中学生くらいからずっと疑問に思っている。

女性は、どんなに真面目で誠実であっても、自信のなさやコミュニケーションに難があったり、また流行からズレていたりする男性は弱者として排除する。死を意識するという限界まで追い込まれても、それに手を差し伸べようと勇気を振り絞って告白した広瀬君に振り向くことがなかったのは、その傾向を象徴している。

中年童貞的な弱者の片鱗が見える男に助けを求めるより、死を選ぶ。あまりにも残酷だ。

「6月23日に彼女と会えていれば、たぶん死ぬことはなかった」

広瀬君は今でも、そう悔やんでいる。奥手な性格と自信のなさで、一歩を踏みだすことができなかった。さらに一歩を踏みだして表面上だけでも強者を装えたならば、美咲沙耶は踏みとどまったかもしれない。

男が女性に排除されないためには、強者に見えるコミュニケーション能力、それが叶わないならば弱者として切り捨てられない環境に身を置くことが必要なのだろうか。美咲沙耶、そして松野氏の自傷交じりの混乱を見て、そう思った。

# 第五章 童貞喪失を目指す学校

## 1年以内に童貞処女を喪失する学校を作る

中年童貞の存在が少子化に直結しているのは当然のことだが、彼らの多くが人間関係に歪みを抱え、職場など様々な場面でトラブルを起こし、多くの社会的損失の発生に繋がっている。

さらに女性は安定した強者を求めているために容赦なく排除され、勉強や学歴で成功体験のある高学歴系の中年童貞は深く悩むことになる。心の穴を埋めるために宗教やＡＶ業界という極端な世界に走ったり、去勢願望や自殺という破滅的な道を歩んだりする。

この深刻な童貞問題は一部の社会起業家も、解決すべき社会問題の一つとして挙げている。

「『童貞処女の問題＝望まないヴァージン』は、誰もが一度はぶつかる大きな問題であるにもかかわらず、社会的な支援がまったくない状態です」

そう語るのは一般社団法人ホワイトハンズ代表理事・坂爪真吾氏である。

「社会の中で男女交際が自由になればなるほど、性の問題はパーソナルな問題になるため、本人がどんなに困っている状態にあっても、ヴァージンを卒業するための支援や教育は一切行われません。セックスは、経験のない人にとっては、ときに恐怖や回避の対象になります。未婚化と晩婚化の進展に伴い、なかなか恋愛やセックスの経験を積むことができない。そのため性的に自立できず、自分や他人の性と向き合うことから逃げ続けている人が増加しています。性的な自立は、社会的な自立とも繋がっている。もちろん、今は様々な価値観があるので、性に興味がなくても幸せという人は、そのままでなんの問題もないと思いますが、性的に自立をしたいという欲求のある人は、なるべく早いうちに性体験を済ませるべきだと考えます」

坂爪氏は東京大学在学中に障害者の性や性産業の問題を知り、「性産業の社会化」をミッションにホワイトハンズを起業。重度身体障害者に対する射精介助サービス、性の専門職を目指す人向けの「臨床性護士」講座、デリヘル経営者向けに法律講座などを開催している。近著に『男子の貞操　僕らの性は、僕らが語る』（ちくま新書）がある。

「ホワイトハンズでは2013年から〝ヴァージン・アカデミア〟という、童貞処女を卒業するための学校をやっています。受講している人は20代前半から30代前半の男性が中心で、公式テキストを読んで月に一度レポートを提出してもらう、という通信講座形式です。1年以内にヴァージンを卒業することを目標として、それを『就活』や『婚活』になぞらえて、〝性活〟と呼んでいます。

講座の中では、童貞処女の歴史や、初体験をめぐる社会情勢や価値観の変遷の解説、婚活市場でパートナーを見つけるためのガイドラインの提示をしています。多くのヴァージンの人たちにとって、不特定多数の異性に〝モテる〟ことを目指す恋愛市場は、ファッション、会話術、メール術、合コン必勝法など、入口も出口もまったくわからない世界。いうなれば『魔の樹海』です。

童貞処女を卒業するためには、不特定多数の異性にモテる必要はまったくなく、たった一人のパートナーと、信頼できる人間関係を築くことができれば、それで十分なわけです。ヴァージン・アカデミアでは、『魔の樹海』である恋愛市場の中で、不特定多数の相手にモテるスキルをあれこれ教えるのではなく、自分と価値観の合う一人の女性と出会うための、婚活市場での性活を推奨しています」

## 童貞問題はあらゆる社会問題とリンクする

坂爪氏は、障害者への射精介助の活動を続けているうちに、童貞の深刻さを知るようになった。行政主導の障害者や高齢者の福祉分野では、当事者に性欲はないものとして考えるのが一般的である。社会的に弱い立場にある人たちの性を支援するNPO活動から派生して、坂爪氏のような存在が現れ、初めて童貞処女の問題が「解決すべき社会問題」としてクローズアップされるようになった。

「射精介助サービスを提供していく中で、障害のある利用者の方が女性スタッフにラブレターを書いたり、告白したり、恋愛感情を抱いてしまったり、という事例は、少数ながらありました。女性と接した経験がまったくないから、どうすればいいのかわからなくて暴走をしてしまう。障害の有無にかかわらず、50代になっても女性との接し方がわからなくて暴走、というのは、本人にとっても周囲にとっても、非常につらいことだなと思いました。就学免除などで性教育を受ける機会自体がなかった世代もいます。施設の中だけでの生活や、家と作業所の往復を繰り返すだけの生活の中では、異性と人間関係を築くスキルを身につける場も機会もないわけです。見えづらい問題ですが、その原因のありかを一つひとつ可視化して、解きほぐしていくべきだと思います」

一部の施設では50代の男性でも、職員が〝ちゃん〟づけで呼んだり、子供扱いをしたりするケースも多いという。家族も、まわりの支援者も、障害者には性欲がないと思いたい、性のない天使のような存在であって欲しいといった都合のよい願望を押し付けている。坂爪氏は、ホワイトハンズで障害者の性の問題に取り組んでいるうちに30代、40代の性経験のない人たち、童貞の存在を知るようになった。

「童貞問題は、社会問題のデパートなのでは、と思いました。それほど多くの社会問題とリンクしています。にもかかわらず、性教育やNPOの世界では、ほとんど誰も言及してこなかった。健常者であるか障害者であるかに関係なく、支援する必要性を感じましたね。年齢を重ねてナカムラさんが描かれているような中年童貞のようなレベルにまでこじらせてしまうと、多くの場合、もう取り返しがつかない。長年にわたって、異性に対する誤った思い込みや偏見で思考を凝り固めてしまっている上に、経済・労働問題に伴う困難が二重三重に積み重なってしまう。それらを一枚一枚取り除くためには、膨大な手間と時間がかかるし、そもそも個人の努力や自己啓発で解決できるような問題ではなくなってしまう。深刻な中年童貞になる前に手を打つのが大事と思って、20代から30代前半の男性を対象にヴァージン・アカデミアを始めたわけです。

非営利法人の通信講座という性格上、大卒会社員や公務員の男性が多いです。性格もルックスもごく普通の人が大半で、童貞をこじらせていたとしても軽度の人が中心です。彼らは自ら受講を志願しているので、童貞卒業に前向きで、自分の現状に対して危機感を持っている。モチベーションもそれなりに高い。童貞をこじらせて思考がガチガチに固まってしまった男性向けではなく、あくまでも中年童貞にならないための予防策といった役割ですね」

## 性的な自立は社会的な自立である

ヴァージン・アカデミアの100ページあるテキストには、結婚制度の歴史や現状分析から、性活に挑むための具体的な指南に至るまで様々な情報が記述されている。P44では〝「完全モデル」から「相互補完モデル」への認識の転換〟と題して、強固な処女信仰や自分自身と女性に潔癖を求めがちな中年童貞のネガティブな傾向を指摘している。一部を抜粋してみよう。

ヴァージンの人が囚われがちな恋愛観、結婚観は2つあります。

1つ目は「完璧な人しか、恋愛・セックス・結婚はできない（だから完璧でない私に、恋愛・セックス・結婚する資格はない）」というもの。ヴァージン卒業を目指すにあたって、あなたが何よりも最初にすべきことは、こういった「コンプレックスがあるからできない」「完璧な人間しかできない」「完璧な人間としかしたくない」という思い込みを直ちに捨て去ることです。

恋愛は「お互いの完璧さを競い合うレース」ではありません。お互いの強みを生かし、弱みを補い合うためにするのが、恋愛であり、セックスであり、結婚です。「完璧な存在」＝一方的に相手を経済的に養ったり、圧倒的な魅力で相手を引きつける必要はまったくないのです。

「完璧幻想」や、それに基づいた「純愛幻想」に囚われるのは、十代前半の思春期だけにしましょう。ここで本書があなたに提案するのが「完全モデル」から、「相互補完モデル」への認識の転換です。恋愛やセックス、結婚に対する認識を「精神的・社会的・経済的に完璧な人間同士だけができるもの（完全モデル）」ではなく、「不完全な人間同士が、お互いを補い合うためにするもの（相互補完モデル）」という認識に変えましょう。

（ヴァージン・アカデミア「公式テキスト」）

完璧な恋愛などない。結婚や恋愛は不完全な人間同士がお互いを補うため、というのはもっともな指摘である。コンプレックスを理由に諦めたり、強い妄想が原因で過剰な高望みをしたり、社会や女性を恨んだりという中年童貞が陥りがちな現象は、確かに「完全モデル」に囚われているからである。

「戦後、憲法が変わって、婚姻を親が勝手に決めるのはよくない、ということになった。自由主義や個人主義が社会の主流になったわけです。それに伴って、初体験の相手や恋人、結婚相手を見つけることもすべて自己責任になった。ほんの数十年前までは、親や社会がパートナーを見つけて、半自動的にマッチングしてくれるのが普通だったのに、自分の努力と根性で相手を見つけて交渉しなさい、という自己責任の時代になると、それができない人も当然生まれてくるわけです。恋愛ができないから結婚ができないというのは、ここ最近30年の間に生まれた一時的な価値観にすぎません。歴史的に見ると決して常識ではありません。

見合い結婚という制度がなかったら、そもそも結婚もセックスもできない、という男女はたくさんいたと思います。それが、現在は、見合い結婚の割合は全体の1割以下。婚姻率自体も下落の一途を辿っており、たくさんの人がセックスからも結婚からもあぶれてしまっています」

坂爪氏は童貞問題を個人の問題ではなく、社会の問題として捉えている。

戦後すぐは婚姻カップルの7割が見合い結婚だった。半世紀で逆転現象が起き、恋愛結婚が88％、見合い結婚が8・1％というのが現在である。結婚＝セックスと考えると、半世紀前までは親や地域が介入するのが一般的だったが、その風習はなくなってしまった。性は自由主義、個人主義となって、時代の変化によって取り残されてしまったのが中年童貞という考え方である。

「個人の価値観の問題ですが、異性とセックスをしたい人は、できれば一定の年齢までに経験した方がいい。年齢を重ねると、自分の考えがガチガチに固まって、柔軟性や応用が利かずに方向転換ができなくなるリスクがある。結婚や出産と同様、『適齢期』という言葉は好きではないし、そうした表現自体が当事者にとって抑圧的に働くことになるので、できれば使いたくはないのですが、あえて目安を出すのであれば18〜25歳くらいでしょうか。恋愛をはじめとする人間関係は、相手との価値観のすり合わせです。相手の気持ちや立場を理解した上で、自分の言葉や行動を相手に投げかけていくキャッチボール。このキャッチボールができるだけの想像力や柔軟性がないと、関係は続かないので、やっぱり恋愛やセックスへの第一歩を踏みだすのは、社会に出るのと同時期が望ましいと思います。

障害のある人の中でも、童貞のまま30歳、40歳になり、なかなか社会参加できずに家に引きこもってしまったり、そのままなにも変わらずに親と同居して50歳を迎えたり、という例は少なくありません。繰り返しますが、性的な自立は、社会的な自立に直結します。性的に自立することは、社会の中で多くの人と関わって生きていくためのきっかけになります。障害者だけでなく、健常者もまったく同じで、性的に自立すれば、自分に自信がつき、行動がしやすくなり、生きやすくもなる。童貞のまま、不必要なコンプレックスを抱えたままだと、他者と付き合うことに対して劣等感や負い目を抱えてしまい、どうしても社会的にアクティブになれないケースが多いと思います」

性的な自立は社会的な自立に直結する、という指摘である。社会的自立ができない人が増えてくると少子化だけでなく、税収の低下、国際的な競争力の低下、社会保障費の増大とすべてがネガティブな方向に傾いていく。

たった一人の異性のパートナーを見つけて、自分にない部分を補い、失恋なども含めていろいろな経験をすることが、社会的に自立するためには絶対に必要なことなのだ。

## 童貞&処女のヴァージン卒業合宿

ヴァージン・アカデミア開校の前、ホワイトハンズは「童貞&処女卒業合宿」という企画を立ち上げて、大きな賛否にさらされている。

女性の参加者が足りずに実現はしなかったが、2泊3日の合宿形式で参加定員は男性5名、女性5名の合計10名。初めに男女交際と性生活に関する専門講義を行って、男女のパートナーを作り、交際と性生活の模擬実習を行うという内容だ。

模擬実習とは童貞と処女のセックスである。

「結局、女性側のニーズがなくて実現しなかったのですが、当初の計画では前半に恋愛やセックスの座学をして、後半の夜に座学で学んだことを実践する予定でした。4年前に障害者の性支援から童貞問題にぶちあたって、ずっと童貞処女卒業にいい方法がないか考えていました。風営法や売防法に抵触せず、男女が安全かつ健全な形でセックスできる機会をどうすれば作れるか、ということですね。男女間のマッチングであれば法に触れないので、どういう組み合わせでマッチングするかで、童貞と経験者、童貞と処女など、いろいろ考案しました。

最終的には、童貞と経験者ではサクラみたいに思われるリスクがあるので、未経験者同士でやろう、ということになりました。参加男女のマッチングは、揉めないようにくじ引きの抽選にしました。昔の夜這い制度もくじ引きで決めていたらしいので、それに倣ったわけです。童貞と処女のカップルであれば、高確率で最初の夜は失敗しますので、2泊3日のスタイルにしました。1日目の夜の結果を報告してもらって、反省会をした上で、2日目の夜に再挑戦してもらおうという計画です。男性の応募はたくさん来たのですが、女性の側がほとんど来なくて実現はしませんでした。比率では10対1ですね」

ホームページに「童貞&処女卒業合宿」の告知を出した瞬間に閲覧が困難になるほどアクセスが殺到し、週刊誌やニュースでもセンセーショナルに取り上げられた。ネットでは大炎上した。

「ある程度のバッシングや誹謗中傷は想定していましたが、予想をはるかに超える状態でした。2ちゃんねるには大量の誹謗中傷スレが立って、ツイッターではボロクソに言われて、人格攻撃・罵詈雑言のメールが連日たくさん届きました。自称右翼の人とか、自称フェミニストの人とかからです。一番多かったのは『女の子がかわいそう』『処女を大切にしろ』という意見です。援助交際や売春などもそうですが、女性が、好きな相手との恋愛以外の方法で、かつ自分の意思で処女を捨てることに対する、男性側のアレルギーは相当強いのだな、と実感しました。これは、アイドルや中年童貞の世界における処女信仰と表裏一体にあるのかもしれません。

その次に多かった批判は、法律違反じゃないかというものでした。やっぱり、童貞処女のマッチングとか、くじ引きで相手を決めることへの反感があったのでしょう。明治以前の村落共同体では、若者がいつ、どこで、誰と初体験をすべきか、ということが、共同体のオキテの中で決められていました。数え年で15歳前後になると、男子は『若衆宿』、女子は『娘仲間』という組織に加入した。男子の性生活＝夜這いは、この若衆宿への参加と同時に始まったとされています。初体験の相手は、同じ村の夫を亡くした女性が多かったようです。誰が誰に夜這いをするかはクジで決定して、童貞の若者に対して年長者が方法を教えたり、同行したりということもあったそうです。明治以前、日本の農村や漁村では夜這いは、若い男女が子供を産み育てていくための重要な学びの場として機能していたんですね。この夜這いを、現代社会に見合った形で復活させたいと思ったのですが、難しかった。

一部の理解ある研究者の方からは、宗教的な側面を織り込まないと、そもそも夜這いは機能しえない、と指摘されましたが、今の日本社会で、初体験を宗教的儀式と結びつけることは不可能なので、そういった意味でも困難は深まります」

夜這いの風習は、明治以降の西洋化の流れの中で、「野蛮な風習」とされて、政府の統制により廃れた。一夫一婦制の婚姻制度と、結婚するまでセックスはしないという純潔教育が広がり、見合い結婚が一般化していった。

万人に向けてセックスの機会を保障していた夜這いや見合い結婚という制度が廃れて、時代の流れが自由主義、個人主義へと変遷し、個人の性の問題には誰も介入することがなくなった。現在はすべて自己責任となっている。

「形はかなり変えるかもしれませんが、童貞&処女卒業合宿はもう一度チャレンジしたい。バッシングや誹謗中傷は想像以上でしたが、一種の社会的な問題提起というか、炎上狙いのネタではない真摯《しんし》な取り組みに対して、賛否を含めた関心が集まること自体は、悪くないと思いますので」

現代の夜這い制度として機能しうる「童貞&処女卒業合宿」が実現して、性の第一歩を踏みだすことが容易になれば、不必要なコンプレックスに悩み人生を停滞させる人が減っていく。それだけではない。死という選択や破滅的な行動をとる人も減るはずである。

現在の中年童貞たちの困難、生きづらさを眺めていると、適正年齢の間に一人でも多くが性経験を済ませてしまった方が、社会的によい結果を生むことは確かである。

# 第六章 中年童貞の受け皿となる介護業界

## 介護という美名に群がる人々

私は出版不況の煽りで別の仕事にも挑戦してみようと2008年から小さなデイサービスの運営に数年間関わった。高齢者の人数は団塊世代が後期高齢者になる2025年まで右肩上がりであり、高い需要があるのでなんとかなるだろうと思っていたが、介護施設を運営するのは本当に大変だった。よく言われる高齢者介護が重労働だから、という理由ではない。

介護業界では、私を含む本業に暗雲が垂れ込め始めた能力の低い零細経営者、お金と社会的名誉の両方を摑みたい自己顕示欲が強い社会起業家、安定だけを求める個のない人々、能力がないのに意識だけが高い若者、圧倒的需要を利用しようとする雇用政策関係者、そして中年童貞を筆頭とする社会から弾かれた行き場のない人たちが、介護福祉という美名に群がって、様々な思惑を複雑に絡ませ合っている。もちろん真面目に働いている人もいるものの、それ以外の人の割合があまりにも多いのだ。

私はライターとして、一般的に壊れているとされるＡＶや性風俗、裏社会の取材を続けてきたが、介護ほど深刻に壊れている世界は見たことがない。どんなに巨大な需要が待っているとわかっていても、離職率が高く、逃げる人材が多いのは末端の現場を眺めていれば当然といえる。

国の政策やハローワークの勧め、膨大な求人量がある広告などを経由して、解雇やリストラ、能力が低いなどの理由で行き場をなくした中年男性たちが大量に介護業界に流れている。そして全国的に人材不足のため、誰でもほぼ無条件で採用されている。現在のトラブルまみれの介護現場の末端の荒廃は、採用のハードルの低さと、社会的に必要という〝美名〟を強調したアナウンスが招いた結果である。

「はじめに」でも述べたが、中年童貞という深刻な問題に気づいたのが介護現場だった。最初は会話が通じないという疑問から始まり、長期間に及んで様々なトラブルを経験して、とことん疲弊した。

個人の自由である性体験と仕事の能力には、直接的な関係はない。なので、介護職として働く中年童貞の全員が該当するとはいわないが、一部の中年童貞の介護職員が介護施設でどのような行動をとっているのか、描写をしたいと思う。

## 44歳の中年童貞の介護職員

お泊り小規模デイサービスの常勤介護職員である坂口（仮名）は、実在する人物であり、女性と性体験や恋愛をした経験のない44歳である。

子供の頃から肥満体質で30代後半から髪の毛も薄くなってきた。親元を離れたことは一度もなく、実家の自室の掃除や炊事、洗濯など、身の回りの世話は今年78歳になる母親にやってもらっている。いわゆるパラサイトシングルである。

小規模デイサービスは24時間営業であり、週5日、シフトに沿って勤務する。週一度のペースで夜勤があるが、糖尿病の持病があるので疲れやすく、時間が不規則なのがキツい。

坂口は前職では、契約社員として倉庫で仕分けの作業をしていた。

２００９年、前年から続く世界的不況の煽りで会社が事業を整理縮小することになり、次年度の契約更新はしないと通達された。介護の道に進もうと思ったのは、ハローワークの相談員に勧められたことがきっかけだ。最初は同じような倉庫の仕事をいくつか紹介してもらって面接に行ったが、採用されることはなかった。相談員から「年齢経験を問わない求人は、介護施設が多いです。ヘルパー2級講座（現・介護職員初任者研修）を無料で受講できる制度がありますし、挑戦してみるのがいいのでは？」と提案された。

坂口がハローワークから提案されたのは、厚生労働省による「重点分野雇用創造事業」の失業者を対象としたヘルパー2級講座である。

介護事業所に異常な人材や中年童貞が激増したのは2008年、世界的な金融危機で景気がさらに落ち込んで失業者が激増したリーマン・ショック以降である。麻生政権時に厚生労働省が失業者対策として大々的に「緊急雇用創出事業」を創設し、民主党に政権交代してから長期雇用に結びつく「重点分野雇用創造事業」に移行している。

厚生労働省のホームページによると、その概要は「地域の雇用失業情勢が厳しい中で、都道府県に造成した雇用創出のための基金を活用し、介護、医療、農林、環境等成長分野として期待される分野における新たな雇用機会を創出するとともに、地域のニーズに応じた人材を育成し雇用に結びつけるための事業」「介護、医療、農林、環境・エネルギー、観光、地域社会雇用の重点分野における雇用の創出を図る事業」と、介護はその筆頭に掲げられている。

要するに失業者を人材不足の産業に送り込むという国策である。介護は高齢者の命を預かる専門職だが、この政策以降、介護現場の末端は全国的にムチャクチャなことになっている。この「重点分野雇用創造事業」は厚生労働省が主導し、地域の実態に合わせてそれぞれの都道府県が実行したが、その最たるものが、ホームレスの自立支援策として実施された東京都の「TOKYOチャレンジ介護」である。

歌舞伎町にある東京都健康プラザハイジアに「離職者、一定所得以下の者を対象に、ホームヘルパー2級を取得し介護職への就職を目指す」ことを目的とした相談所が、2009年3月5日に開設されている。

離職者支援コースと資格取得コースがあり、離職者支援コースは住宅を用意して生活資金45万円、就職一時金50万円を上限に資金を貸付け、ホームヘルパー2級講座の受講料は全額助成という手厚いもので、金銭目的で参加するには十分すぎる条件である。所得制限のある資格取得コースは、講習費の10万円が助成され、どちらかのコースで資格取得した失業者を6か月以上採用した事業者には、60万円の助成金が支給される、という内容だった。

介護は本来、専門的知識と経験に基づいてサービスを提供する専門職である。実施計画では職業の専門性、高齢者の命を預かる重要性がまったく考慮されていない。ホームヘルパー2級は8時間の座学を8日間、それと介護施設での2日間の研修で取得できる極めて簡単なもので、介護人材としての能力やスキルを担保する資格ではない。訪問介護ではホームヘルパー2級の資格が必須であるが、ほとんどの施設ではホームヘルパー2級は無資格未経験と同じ扱いとなっている。

介護事業所に社会人として未熟な人材や、中年童貞などが激増したのは、この都道府県の「重点分野雇用創造事業」が始まってからである。

## 無条件採用が人材の質を低下させる

介護――坂口は、その職業のことを考えたこともなかったが、これからは超高齢社会が来ることは知っている。国の補助があって無料で資格がとれる、しかも将来性があって仕事にあぶれることはなさそうだ。坂口は介護という職業は、社会貢献ができて人から尊敬される、素晴らしい仕事だと思った。介護の道に進むことを決めた。

週1回、日曜日に開催される2か月間の講習、特養老人ホームでの2日間の実習が終わってヘルパー2級を取得した。

ヘルパー2級講座の修了証をもらったとき、坂口は倉庫で働いていた同僚より何段階も上の人間になったと思った。講習中から介護施設で働くことを決めていた。平日の空いている時間を使って、どんな施設で働こうかと考え続けていた。

坂口はヘルパー2級講座の受講中、近所の特別養護老人ホーム、介護老人保健施設、グループホーム、デイサービスと、いくつもの施設に足を運んで見学をしている。様々な種類の施設をまわって、案内してくれる職員たちと介護のことについて語った。介護のことを熱く喋りまくることは、自分が社会に参加しているような気がして気分がよかったが、足を使って念入りに施設を調べた一番の理由は、どの施設の仕事が楽かを探ることだった。介護は重労働で大変と聞く。少しでも負担が軽く、職員同士の上下関係や規則も厳しくなく、すぐに立場が上になるような新しい施設がよかった。

社会福祉法人や医療法人が母体となっている特養と介護老人保健施設は、入居者と職員の数が膨大だった。訊けば福祉大学や専門学校を卒業した新卒職員が施設の中枢を支えていて、職員だけで80人を超えているという。見学をしたときも、仕事中の介護職員たちは忙しそうに動きまわっていた。特養老人ホームは大変な上に、上下関係がありそうで嫌だった。サービス業の世界ではその店に入った順番によるヒエラルキーがある。大きな施設は、年下に偉そうにされそうだなと思った。

グループホームとデイサービスは職員も利用者も少なく、楽そうで悪くなかったが、職員に若い女性や男性が多く、やっていけるか不安になった。最後に見学した民間の株式会社が運営するお泊り小規模デイサービスは開設からまだ3か月、上下関係があっても知れている。それに利用者が数人しかいない。非正規の時給職員からスタートして短期間での社員昇格もあるようだし、小規模デイサービスが、坂口が求めている職場環境に最も近かった。

介護業界は採用のハードルが極端に低く、人材を取り合っている状況なので、自分にマッチする職場か見学したいという坂口のような求職者が現れる。無条件の採用ということは、なにか不満があればすぐに別の施設が採用してくれる。高い離職率の原因の一つだ。

## ヘルパー2級の俺はすごい

新設の小規模デイサービスに働きたい意思を伝えると、すぐに採用となり、明日からでも来て欲しいとのことだった。坂口はヘルパー2級の資格を取得した自分は、どこからも必要とされるすごい人間になったのだ、と思った。

デイサービスなので送迎、バイタル計測、レクリエーション、入浴、食事介助といろいろ仕事はあり、介護職の女性現場リーダーである山崎（仮名）に仕事を教えてもらうことになった。山崎は未婚の37歳。利用者や利用者の家族、職員たちに信頼される優しく真面目な女性だった。

「○○さんは認知症の方なので、見守りは怠らないでください。転倒の可能性があるので立ち上がったときは、必ず介助してください」

山崎は坂口の年齢を考慮しながら、一日も早く一人前の介護職員になってもらうために丁寧な言葉を使いながら指導をした。介護では高齢者一人ひとりの状態や性格、習慣が異なるため、伝えることは必然的に細かくなってくる。

「あなたに言われたオムツの補充をしていたんですよ！」

坂口は逆ギレした。

山崎に指示されてオムツの補充をしている最中で、注意されたことに納得がいかなかった。

3日後、また同じ認知症の利用者さんが突然立ち上がって転倒しそうになったとき、山崎から「本当にちゃんと見守りしてください！」と厳しく注意された。坂口は同僚のパート職員である平井（仮名）が転倒しそうな利用者の近くにいたので、「近くにいた平井さんもまったく見てないじゃないか！」と怒鳴って言い返した。

平井は無資格者で、介護福祉士どころかヘルパー2級も所持していなかった。どうして、ヘルパー2級を所持している俺が、そんな無資格者と一緒に働かなくてはならないのだ。坂口はそう思った。挙げ句に俺だけが注意されるなんて、山崎は平井を贔屓《ひいき》している、なんて腐った職場だ——坂口は不満で爆発しそうだった。

介護施設では高齢者を事故によってケガさせることを避けるため、見守りという安全を確保する作業が最優先される。役割分担された仕事をこなしながら、高齢者の安全を確認し続けるのは介護の基本中の基本であり、坂口は当然のことを注意されただけだ。介護現場の末端では、このような日常の些細なこと、おかしなズレから人間関係がこじれていく。

## 誰かに助けてもらうのはアタリマエ

介護職員は利用者にケアした内容を介護経過表に記録しなければならない。

坂口は簡単な文章すら書けなかった。小学校で習う簡単な漢字もわからない。午前中に入浴介助をしたので、介護経過表には「おふろ」とだけ書いた。そして、いつもは丁寧な言葉を使って指導をする山崎に厳しい口調で注意された。

「いくらなんでも、これはないでしょう。〇時〇分、入浴介助。着脱は自立で、介助にして洗身をする。浴槽ではゆっくりと楽しまれた、みたいな文章にしてください！」と言われた。

坂口は中卒である。高校入試は受けずに、当時の担任に勧められた隣の市の町工場に就職している。文章作成の経験は中学校の卒業アルバムに書いた作文くらいで、今さら漢字と文章を書けと言われてもまったくわからない。

他の介護職員が書いた文章を見よう見真似で、入浴、介助、着脱、自立、洗身、浴槽、楽しむと携帯電話で一字一字変換しながら介護経過表に記入をしたら、2行程度を書くのに1時間もかかってしまった。

坂口が座ったまま、携帯電話を片手にずっと文章を書いているので現場がまわらなくなった。予定していた入浴人数がこなせずに時間が押し、午後に予定されていたレクリエーションはできなくなった。坂口が簡単な文章すら書けないことが原因で現場が混乱して、サービス提供がストップとなった。

施設長が怒ってやってきた。「なにをしているんだ！」と、職員たちは全員注意された。坂口は必死に漢字を調べて文章を書いていたので、他の奴らはなんて怠けているんだと思っていた。

「私は早く仕事を覚えようと、必死に利用者様の記録を書いていました」

施設長に事情説明を求められたとき、自信満々にそう言った。

介護施設では管理者や生活相談員が、利用する高齢者ごとに作成した通所介護計画書に沿って介護職員がケアをする。介護職員はそのときの行為を、記録することが義務づけられていて、小学校高学年程度の整合性のある文章を書けることは介護職員にとって必須の能力になっている。

介護施設は常時人手不足で一部の施設以外は、まったく人を選べる状況にない。求人をしても人は来ないので、明日明後日を乗り切るためにどんな人でもなんとか使っていくしかない。

介護経過表はその都度、他の介護職員が書くことになった。

さらに坂口は肥満体質で何事も動きが遅く、要領が悪い。送迎、レクリエーション、入浴、食事介助、身体介助なども常に誰かが助けていた。坂口は今も実家住まいで、子供の頃からなにもかもを母親に助けられ続けていた。義務教育時の小学校や中学校の作文なども、母親が手伝っていたという。坂口は44歳になっても、誰かが自分のことを助けるのは、あたりまえのことだと思っていた。

いつまで経っても自立ができない坂口に、同僚から不満や苦情があがるようになった。入職して1か月が経った頃には、完全に事業所のお荷物になっていた。

周囲に迷惑をかけ続けてかなり厳しい立場だったが、丁寧にいい仕事をしているのに、事業所の上司や同僚は自分の仕事の質をなにもわかっていないと思っていた。文章が書けずに介護経過表の記入を免除されたことも、自分は介護をするためにヘルパー2級を取得して施設に雇用されているので、文章を書くことは仕事ではない。書類記入の免除は当然であり、介護経過表を書いている職員は仕事をさぼっているんじゃないかと思うようになった。

官僚や行政が机上で計画した失業者対策や雇用政策が、現場で働く介護労働者のさらなる負担になって、結果的に高齢者たちの損失になっている。未経験な上に人間的な問題を抱え、常に誰かに依存している人物に社会常識から教え、職業訓練をするのは日常の介護労働と比較にならないほどの精神的重労働である。

その人物がどうすれば常識的なレベルになれるのか職員間で何度も話し合ったり、他の職員や利用者とトラブルを起こしたりするので、その人が存在することで担当者はもちろん、多くの職員の膨大な時間が割かれることになる。

その無駄な時間は利用者のサービスを削るか、残業で補てんするしかない。運悪く社会性のない「重点分野雇用創造事業」流れの人材を採用してしまった施設は、相当な負担を強いられている。本来ならば社会常識を教えることは親兄弟や教育機関がするべきで、どうして介護事業所や介護職員がしなければならないのか、といった状況なのだ。

## 攻撃は弱者から弱者へと向かう

坂口が入職して半年が経った。

新設の小規模施設は、比較的仕事は楽である。しかし、職員同士の人間関係は密接で生活は閉鎖的になる。一人でもおかしな人間が存在すると全体が混乱するので、坂口のような人物が発端となる負の連鎖は、深刻な事態に陥りやすい。介護の経験のない経営者や施設長のマネジメント能力の不足も重なって、新設の小規模施設は大規模施設より離職率が高い傾向にある。

非正規職員を中心にどんどんと辞めていく。文章が書けず周囲に迷惑をかけ続けた坂口も、現場の一人として数えられるようになり、新人パートに仕事を教える役を任されることになった。本来ならば誰でもできるはずの記録や請求業務の補助、各種書類整備、備品の管理発注は坂口には無理と判断され、苦肉の役割分担だった。

「お前はオムツ交換もまともにできないのか！」

「○時○分に薬を飲ませろって言っただろ。利用者さんを殺す気？」

「車椅子の扱い方も知らないで、よくこの仕事をやろうと思ったね」

「ヘルパー2級を持ってないのに介護職になって、恥ずかしくないの？」

坂口は新人教育を任されて、やる気満々になった。そして新しく入ってきたパートたちに、初日から横暴な態度で威張り散らした。自分のできること、知っていることを相手ができないと激しく中傷し、新人パートや周囲に対して力を誇示する。威張っているにもかかわらず、記録や介護保険法のことなどを質問されると「そんなことはどうでもいい、介護とは関係ない」と一蹴した。

高額な求人費を投じて採用した新人パートが数日間で離職するという事態が続き、坂口の態度は施設内で大問題になった。坂口は施設長から呼びだされて事情説明を求められたが、「やる気がないから辞めただけ。やる気がない人に介護をさせても利用者さんの不利益になるから」という主張を繰り返した。

元々、不人気職で人材が不足しているにもかかわらず、東京、大阪、千葉、埼玉、神奈川などの大都市圏では介護事業所が次々と増え続け、さらにアベノミクスの景気回復によってサービス業全般で人手不足という状態となった。離職率の高い施設は、存続が危ぶまれるほど深刻な事態に陥っている。多額の費用をかけて採用した新人職員に対して横暴な態度をとり、離職させるなど事業所にとっては死活問題である。

介護施設ではイジメやパワハラがよく問題になるが、この〝弱者から弱者〟への構造が背景にあることが多い。

坂口は事業所のお荷物というだけでなく、不利益や損失を次々と生んだ。

坂口に仕事を教えた山崎は優しい性格で「彼にもいいところはある、介護に対して真面目とか遅刻しないとか」と最後までフォローしたが、施設長の意向で新人教育担当を外されて「もう、手に負えない」と四面楚歌になった。

新人パート職員に対する横柄で横暴な態度を、施設長や生活相談員、同僚たちに散々怒られたが、どうして自分が注意されているのかさっぱり理解できなかった。中学校時代は太っていて運動も勉強もまったくできなかった。当然のごとくイジメられた。暗黒だった中学校時代から始まって、今まで働いてきた工場や倉庫でもずっと一番下の立場。ヘルパー2級を取得して介護職員になり半年間継続して、自分より下の立場の人間が初めてできた。坂口は自分が今までされてきたことを、そのまま相手に返しただけという認識だった。下の人間に対して、横暴になり、偉そうにするのは先に入ってきた者の当然の権利だと思っていた。

新人パート職員に対する態度を何度も注意されたが、誰に怒られてもなにを言われているのか理解できなかった。

見守り、入浴、レクリエーション、食事介助と介護職員として最低限の仕事しかなくなった坂口は、時間を見つけては、自分を有効活用しない、自分の能力を評価しない事業所や上司や最後までフォローしてくれた山崎の愚痴や悪口を言い続けた。

施設で相手にしてくれるのは、威張り散らしても辞めなかった36歳の男性パート職員、平沢（仮名）だけだった。平沢は地元の最低偏差値である工業高校を卒業して、工場や倉庫などを転々として介護に流れている。

彼も正社員で働いたことは一度もなく、実家住まい。平沢はひたすら続く坂口の事業所や上司の悪口を「そうですね、そうですね」と聞き続けた。平沢を捕まえては、悪口を言うのが坂口の日課となった。

## 20年前の片思いを引きずる

年末、施設の近所にある居酒屋で忘年会があった。

利用者の話や物真似から始まって、女性を中心に恋愛の話に華が咲いた。彼氏がいる者、辞めた男性職員が好きだった者、複数の男と付き合っている者と、女性職員同士でそれぞれの恋愛の話で盛りあがっていた。

坂口の相手をする人間は、施設に誰もいなくなっていた。坂口は誤解から始まった周囲のイジメだと思い、挽回するキッカケを狙っていた。

44歳になったが真正童貞である。工場や倉庫時代に何度も先輩や同僚から性風俗店に行こうと誘われたが、頑なに断ってきた。女性には興味はあるが、知らない女性が出てくる性風俗は怖い。考えられなかった。

20代半ばのとき、性的な行為は、好きな女性としたいという自分なりの論理が見つかった。最初は怖いことから逃げるための言い訳だったが、自分は純粋で純情な人間であり、将来的には必ず自分のことをすべて受け入れてくれる女性が現れるはずで、性風俗に行くような人間は汚らわしいし、間違っていると思うようになった。

44年間生きてきたが、自分以上に女性や性に対して純情で純粋な人間は見たことがない。それは自分自身の大きな自慢だった。楽しそうに恋愛の話をしている女性介護職員たちに、自分の純情で純粋で真っ直ぐな心をわかってもらえば、誰にも相手にされない現状をひっくり返せるのではないかと思った。

思い切って恋愛話で盛りあがる女性たちの席に近づき、自分は童貞であり、汚らわしい性風俗には行ったことがなく、セックスは好きな人としたいという持論を語りまくった。

女性介護職員たちは一気に沈黙して、全員の表情が凍った。

坂口が最後に恋愛をしたのは20年前、24歳のときである。

働いていたコンビニ向けの弁当工場に2歳下の由香ちゃんという女の子が短期パートとして入ってきた。由香ちゃんが2か月先輩の坂口を慕って、いろいろ仕事の質問をしてくるうちに仲よくなり、一緒に食事をする仲になった。坂口は告白しようか迷った。朝から晩まで由香ちゃんのことを想って、迷いに迷っているうちに由香ちゃんの契約期限は切れて挨拶もなしに職場からいなくなった。それっきりである。

坂口は由香ちゃんを今でも好きで、その恋愛を引きずっている。そのことを忘年会中の全職員の前で堂々と告白した。純情で綺麗な心を持っていると、女性職員たちから見直されると思っていた。

「お前はもう喋るな、酔いすぎだ、いい加減にしろ」

焦った表情の施設長にそう言われて、まるで何事もなかったかのように仕切り直しの乾杯が始まった。その後、坂口に話しかける者は誰もいなかった。

それから坂口は何度も退職を勧告されたが、固辞して、その小規模デイサービスでまだ介護職員を続けている。新しく入ってきたパートの男性職員を捕まえては、フォローしてかばい続けてくれた山崎や、自分の能力を理解しない施設長のこと、そして女性職員たちの悪口を言い続けている。

## 中年童貞によって崩壊する職場

中年童貞は推定209万人と膨大な数が存在する。その中にはコミュニケーション能力が高く、常識や協調性があって仕事ができる、また秀でた特殊能力がある人も多数存在するだろう。しかし、女性との性交を望んでいるのに逃避する彼らの多くは、内面になにかしらの問題を抱えている。私が介護現場で目撃した中年童貞たちは、自己完結して閉じ籠もっているだけでなく、他人を攻撃したり、常識を逸脱したり、周囲にも迷惑をかけている人たちだった。

他人にポジティブな評価をされた経験がなく、おそらくこれからの人生の中でも決して主役になることはない。社会の片隅でひっそりと狭い人間関係の中で生きている。彼らの「物事の考え方や行動が極端にズレている」ことから始まる迷惑は、主に雇用した職場で発揮されることになる。

セクハラ、パワハラ、イジメ、虚言、対立、離職、混乱、クライアントからの苦情、著しい業務の遅れ、仕事が終わらないことによる長時間労働などが起こっても、最初はなにが原因でそうなっているのか、同じ職場で働いている同僚にもわからない。

なにかがおかしいと検証を繰り返しているうちに、発端や原因の人物が発覚する。いくら助言や注意をし、改善を求めてもまったく本人には響かず、挙げ句には善意のある同僚がフォローや仕事の肩代わりをしても、逆恨みしてさらなる攻撃をしたりする。

職場の人間たちは、一人の中年童貞のために、膨大な時間を失い、挙げ句に攻撃されて理不尽に精神を追いつめられ、ダメージを受け続ける。自分が原因でトラブルが起こり、多くの人を巻き込んで無駄な時間を使わせても、その混乱の発端となっている自覚はなく、いつもと変わらず文句や愚痴を言っていたりする。個人の性的パーソナリティを超えて、周囲の人間を巻き込んで職場や社会の足を大きく引っ張る危険な存在になっているのだ。

給料が安く汚い仕事で重労働と呼ばれる介護職は、現在進行形で高い離職率が継続している。しかし、実際の離職理由は給料が安いからでも重労働だからでもなく、「人間関係」を理由に挙げる人が圧倒的に多い。

介護事業者の実態調査は各都道府県で行われている。例えば岐阜県では「岐阜県で2012年度に退職した介護職員は『3年以内』が64パーセント、介護関係の職場を辞めた経験のある職員に離職理由を尋ねると、最も多かったのは『職場の人間関係の不満』で29パーセント、続いて『労働時間や勤務体制の不満』で28パーセント、『給与、賃金への不満』が23パーセント」（岐阜新聞）となっている。

上位を占めている「人間関係の不満」や「労働時間の不満」の一部は、「物事の考え方や行動が極端にズレている」中年童貞が原因となっているケースが多いはずだ。トラブルを起こす当事者への対処は事業所それぞれだが、多くの介護事業所では中年童貞が起こす行動にうんざりした普通の人たちが離職、他に行き場のない中年童貞は残って問題を起こし続ける、という負の連鎖が起こっている。

## 中年童貞は自ら〝社会的な死〟を望んでいる

介護現場で働いている中年童貞の多くは、能力は低いが真面目でプライドが高い。コミュニケーションが苦手なことを自覚して悩む高学歴系の中年童貞とは異なり、自分自身から逃げ続けていて精神年齢が低いという傾向がある。女性に対する純粋さ、幼児性を秘めている。そして社会からズレたまま精神的に成長することはなく、すでに完全に取り返しのつかない40代に突入すると、いつかすべてを受け入れてくれる天使のような素敵な女性が現れるという妄想が強くなる。

私は介護業界に関わり、坂口と出会って衝撃を受けた。出版業界周辺にはいない人物である。

坂口によって何度も現場は混乱し、追いつめられ、どうしてこうなるのかと悩み続けた。いつしか、〝ズレっぱなしの原因は童貞にある〟または〝ズレているから童貞である〟ということに気がついた。

施設を健全化するため坂口を筆頭に30代、40代の中年童貞や中年童貞の疑いのある人物に性風俗や流行りの婚活パーティーに参加することを勧めたのは、一度や二度ではない。彼らは全員、顔を赤くして断固拒絶した。

自信がなくて閉じ籠もる中年童貞にとって、見知らぬ世界や女性は恐怖の対象である。気持ちはわからないではないが、一歩踏みださないと本当になにも始まらない。モテないことを自覚して、性欲を肯定して性風俗に行きまくる、みたいな男性の方がまともであることはいうまでもない。

この坂口のような人物に、介護という女性社会の中でチームとして働くことや、だいぶ年齢が上で様々な経験をしている高齢者がなにを求めているのかなどわかるはずもなく、間違った判断と言い訳の山となって極めて迷惑な存在となっている。

子供の頃に遡っても、なにかを成功させたという経験がないので、施設や利用者の利益のための前向きな話になると、まったく関わってこない。長年の負け続けた人生によって、誰かの悪口や愚痴以外の思考ができなくなっているのだ。

最初から諦めることが自然なので、その時代によって採用されやすい業種を転々としながら、受け身の流される人生を送っている。バブル以前だったら零細の工場、90年代は大量生産のための単純作業、00年代は非正規雇用の単純作業みたいな職業か。そして現在は、慢性的な人手不足の介護事業所が彼らの受け皿となっている。

中年童貞に侵食された多くの介護事業所や採用のハードルの低い産業の末端は、異常に高い離職率、反響のない求人、終わりのない職員同士のトラブル、いがみ合い、仕事が終わらないといった状態に悩まされているはずだ。低賃金と人材不足の問題だけは表面的に社会に可視化されているが、人材の質の極端な低下には蓋がされ、隠蔽されている。

介護施設のような社会的に過剰評価されている職場の末端にいる中年童貞は、プライドが高い。彼らのことを思って意見を投げかけても会話ができないので矯正は難しい。自ら〝社会的な死〟を望んでいるとしか思えない状態なのだ。

## 母親に〝胎児扱い〟された成れの果て

2008年に介護に関わるようになり、様々な困難があったが、坂口や坂口的な中年介護職員が起こすトラブルにふりまわされたのは、最も大きなものの一つである。

私はこれまでの人生で、一般的な価値観や常識からすべてが著しくズレている大人が存在することを知らなかった。今、思えば、大学在学中に出版に関わって、そのまま継続している環境はきっと恵まれていただけだったのだ。

坂口的な人物はすべてがズレているため、嘘や勘違い、間違った解釈が多く、坂口を経由する情報は基本的に正確ではない。情報を共有して交換するという会話ができないと、業務のあらゆる場面で混乱が起こる。これも何度もトラブルを経験して、やっと理解できた現実である。

この全貌に気づくまでに1年以上の月日がかかった。

「きっと過干渉や過保護の母親に〝胎児扱い〟された人たちなんじゃないかなって思いました。女性の人は耐えられなくて精神疾患になったりするけど、中年童貞はその別の形じゃないかって」

漫画家・田房永子氏はそう言っている。〝胎児扱い〟とはなんだろうか。

彼女は過干渉の母親との戦いを描いた『母がしんどい』（新人物往来社）、妊婦と母親の葛藤をテーマにして女性たちから絶大な支持を得た『ママだって、人間』（河出書房新社）の作者である。

「私、子供の頃からずっと母親に干渉されまくっているんです。どうして、こんなに嫌なのだろうって、ずっと考えていた。世間では母親が子供の世話をするのは普通っていわれるじゃないですか。けど子供に自分の価値観を押しつけ、子供の人格を認めないような行為は、子供にとって〝毒〟。そういう親のことを〝毒になる親〟と呼んでいるのです。略して〝毒親〟。その言葉を知って、この窮屈さから逃れるためには母親から離れればいいってわかった。今は実家から逃げて結婚して、母親とは距離を置いています。

3年前に妊娠しました。自分が母親の立場になると見える世界も変わってきました。妊娠中、お腹の中から赤ちゃんが蹴ってくる。ドラマやなんかでもよく〝ほら、蹴ってるわ。今日も元気よ〟と妊婦が言っていたり、世間では微笑ましい光景として認知されている。胎児に感情はないという前提があって、〝蹴る＝元気〟という意味しかないわけです。でも、もしかしたら感情があって、〝こんなところにいたくない！　出せ！〟とか、なにか不快な思いから蹴っているのではないかと思ったんですよ。それが、自分が母親に支配されて心の底から嫌だった感じとリンクした。妊婦には胎児がどんな感情を訴えているのかわからないし、知ろうとしないのが普通。蹴られることに関しては〝元気〟という喜ばしいメッセージしか受け取らないので、基本的に呑気なのです。自分の母親の態度も同じ。こっちは死ぬ想いで抵抗して逃げているのに、母親は娘になにを言われても平然としている。お腹の中で暴れる赤ちゃんと、自分はなにも変わらない」

〝胎児扱い〟という言葉を聞いても意味がわからなかったが、なるほどと思った。

母親の子宮を出てからは、確かに母親と子供は別の人間のはずだ。しかし、お腹の中にいるときと変わらないまま、子供を無条件にがんじがらめに支配する親がいる。子供がなにを訴えても受け流し、いつまで経っても子供の人格を認めない。母親が子供はまだ社会に生まれていないと認識している親子関係が〝胎児扱い〟なのだ。

「ずっと母親から〝子供扱い〟されていると思っていたけど、子供どころじゃなくて、〝胎児扱い〟だった。過干渉な母親って、なんでもかんでも子供のことに介入する。遊ぶ友達から学校の進路、恋愛、職業の選択までなにもかも。そして実際に決めてしまう。胎児は母親のカラダの一部だから、胎児にはなにも決定権がなく、それは母親である自分のもの。胎児はお腹の中で生きてはいても、自分の意思がまったく働かないところで、勝手にどこかに連れていかれるじゃないですか。本当は母親が決定することに反発して、嫌で、ムカついてお腹を蹴っているかもしれないのに、母親はそうとは夢にも思わない。子供に人格が与えられない現実は、社会的に問題視されてなくて、よくあることみたいに流される。すべてを支配されるのは子供にとってすごいストレス、胎児的な扱いをされている人たちは、すごくしんどい。ナカムラさんから中年童貞の話を聞いたとき、同じなんじゃないかって直感的に思った」

坂口のような中年童貞は、精神的に生まれていない状態なのか。

「ナカムラさんの言う介護の中年童貞の男性は、過保護や過干渉で育っていませんか？」

たしか坂口は中流以上の家庭で育って、祖母と母親に溺愛されている。現在も母親の庇護の下で実家暮らしである。もう2人の思いあたる40代半ばの介護職員も、実家暮らしであり、経歴に長期に及んで親の家業を手伝っている期間があった。

3人は現在進行形で実家暮らしなこと以外に、2009〜2010年にハローワークの勧めでヘルパー2級を取得して介護職員になっている、未婚、過去の恋愛を引きずっている、中学時代にイジメられている、勉強と運動ができない、立場が下の人間に横暴な態度をとる、愚痴が止まらない、逆ギレする、すぐふて腐れる、同年代の一般的な男性には近づかない、誰かのフォローが当然と思っている、同年代の女性をババアとバカにする、美少女が好き、介護従事者の自分が社会的に優れていると思っているなどなど、共通項ばかりである。

「それ、完全に毒親問題の別の形ですよ。その人たちは肉体的には40歳を超えていても、精神的には胎児です。母親の羊水に浸かったままなのです」

田房永子氏はそう断言した。

## 社会を母親の羊水だと思っている

精神年齢が異常に低いことは理解していたが、低い以前に生まれていない胎児であり、母親による過保護や過干渉が原因になっている可能性が高いことには、彼女に指摘されるまで思い至らなかった。

「女性の場合は母親との関係に原因があるって、20～30歳くらいのどこかで気がついて、精神的に病んでしまう傾向がある。耐えられなくなるのが普通です。たぶん、女性はずっと胎児扱いを受けてきても、最終的には自分が自分の子供の面倒を見なきゃならないから、どこかで自立する、つまり、社会に生まれざるをえない。でも男の人は母親だったり、妻だったり、一生女性にケアされる側だから、もう野放しでしょ。逆に女性はその男性をケアする側だから、〝胎児扱い〟されることに矛盾が生じるわけです。矛盾が生じたとき、なにかおかしいって自覚する。その時点で多くの女性は精神を壊して病む。女性の場合は羊水の中で一生を終えることが許されない。男性の場合は気づかないまま、社会が羊水だと勘違いしながら生存できるってことです」

社会を羊水だと思っている、という言葉を聞いてゾッとした。

中年童貞が依存体質で精神年齢が異常に低いことが、母親の過保護や過干渉で自立できないことが原因となると、そこから抜けだすには実家から逃げて自立するしかない。

## 男の方が母親に取り込まれやすい

介護業界にいる中年童貞に象徴される〝なにもできない人〟の大部分は、非正規雇用で低収入である。仮に逃げたとしても、彼らの多くは自分一人で自分の生活を支えることはできない。つまり、羊水に浸かり続けるしか選択肢がない、というわけだ。

経済的にも立ち直りが利かない、厳しい現実がある。

「昔は、専業主婦があたりまえで、お母さんは子供とずっと一緒にいなくてはならなかった。どんな人にも、ストレスはあったはず。共稼ぎが普通になった今も、男の人は育児を全然しないからその状況は変わらない。家父長制度とか、男は外で女は家で、みたいな体制をずっと繰り返してきた果てに生まれてしまったのが中年童貞だと思う」

家父長制度では、育児は女性がする。育児で自由を奪われた女性の意識は、集中的に子供へと向かう。過保護、過干渉、子供への過剰な介入は家父長制度からめぐりめぐっている、という仮説だ。

「子供を持って驚いたのが、お母さんたちの多くが、夜に一人で外出できないってこと。

男の人たちはガンガン外に出て、仕事だって言えば、風俗行ったり、キャバクラに行ったり、個室ビデオで時間を潰すこともできる。お母さんだけは家にいなきゃいけなくて、好き放題にしている男の人は本当に多いというか、それが普通。6年間とか8年間とか夜に一人で外出してないお母さんもザラにいる。軟禁状態。それが社会では普通のことになっていて、誰も疑問を呈さないのが気持ち悪すぎる」

確かに家父長制度では母親は自分のことはなにもさせてもらえず、子供の世話ばかりという風潮がある。子育てだけを推奨され、それしか生きがいがないとなると、自分の欲望を子供のフィールドで解消するのは自然な流れである。

「最終的に自立する女の人より、ずっと誰かに甘えても許される男の人の方が母親に取り込まれやすい。パラサイトから抜けださなければ、社会と断絶するのは当然のこと。そういう人は自分の置かれている環境の危険に気づいてないから、私の漫画とか絶対に読まないし、自分をいつも気にしてくれるお母さんがいい人だと思っている。それでお母さんは、子供の言いなりになって、ご飯もいちいち要望通りに作ったり、機嫌が悪ければ当たり散らしたりしても許している。自分が王様みたいに家に君臨している。そういう人は絶対に実家でしか生きることができないし、仮に結婚してもお母さん以外と住むことなんてできない。おそろしいことです」

母親の過保護と過干渉の下で生成された中年童貞が社会や職場で思うようにいかないのは当然のこと。だから、母親のようには自分を評価しない社会を恨んだり、その苛立ちが弱者へのイジメやパワハラ、愚痴となっているということか。

田房永子氏の言うように女性に理不尽な家父長制度で、母親の不自由さと窮屈さが子供へと向かい、その歪みから生まれた悲劇の一つが〝中年童貞〟なのか。窮屈にがんじがらめにされた母親は、自分の所有物である息子を羊水から出すことをせず、とことん介入して甘やかす。そうして子供は社会に生まれでないままモンスターとなるのだ。

「今、痴漢はなぜ痴漢行為をするのかについて調べているけど、痴漢も〝女を人間だと思っていない〟みたいな感覚が抜けきらない。中年童貞と共通点を感じましたね」

痴漢のアクティブで破滅的な暴走性に比べると、中年童貞は深海魚のようだ。

田房永子氏の話を聞いてゾッとした。30歳、40歳を過ぎても生まれていないままでいる男たち――。私が介護現場の末端で心からうんざりした混乱は、子供離れができない毒母が存在する限り、なくなることはないのだ。

社会的な死どころか、生まれてすらいない、生きてすらいないのである。

# 第七章　中年童貞はこの社会が生んだ

## オタク叩きは間違い

〝ルポ中年童貞〟は中年介護職員の現実を眺めて衝撃を受けたことがきっかけで始めた取材だったが、交尾を強く望んでいるのに女性に排除された彼らは、〝社会的な生と死〟、さらに〝生物学的な生と死〟の狭間に生きる人たちだった。

男に安定、安心、外見、収入、コミュニケーション能力を求める女性たちは残酷だ。条件に該当しない男を容赦なく排除する。それでも弱い男性たちは、生きなければならない。犬や猫を去勢せずに強い欲求を残したまま交尾させないと、大きなストレスになる。異常に吠えたり、喧嘩を繰り返したり、手足を噛み切る自傷行為に走ったり、肉体的・精神的な病気や問題行動を引き起こすという。人間も同じだ。女性に排除された男は幻想に依存したり、自意識を肥大化させたり、さらに弱い者を叩いたりする。

そしてコミュニケーション能力が重要視される現代社会の中では、女性に排除された者の多くは社会的な敗者にもなる。先日、少女を監禁した男性の自室にアニメのポスターが貼ってあったことで、やはりオタク趣味の人間たちが犯罪を起こすのだと、オタクバッシングが過熱した。

しかし、秋葉原を取材して思ったが、オタク叩きは間違っている。

オタクや中年童貞は基本的に幼少時代から地味で目立たない存在で、遵法意識の強い真面目な人たちだ。中年オタクの一部には博識のインテリ層が存在するが、大多数は自分に自信がなく、コミュニケーションが苦手で引きこもりがちでエネルギーが弱い人間だ。遵法意識が強く真面目すぎるが故に融通が利かず、他者が少ない環境に身を置き、人間関係の貧困に陥って社会から孤立している。

だから、淋しさを埋めたり、充実感や刺激を得たりするために各メーカーが続々と開発するオタクコンテンツに依存して、社会との関係が貧困のままなんとか生きているという現実がある。オタクコンテンツは問題があるどころか、孤立を埋めるための最後の処方箋《しょほうせん》的なセーフティネットとなっている。

問題があるとすれば、多くの男性たちの孤立を生んでいる社会だ。見合い結婚が激減して低下する婚姻率の数値を眺めてもわかるように、現在の日本は孤立する男性たちを続々と生む。

生きづらさを感じる不器用で真面目な男性たちが、少しでも閉じ籠もりから解放されること、孤立から少しでも逃れること、日常の中で他者の存在を増やして自分自身を客観視する環境を持つことを促す施策が、必要なのではないか。

## 婚活市場で中高年は弱者。切り捨てられるだけ

孤立している男性の処方箋としてよく挙げられるのが、全国各地で開催されている〝婚活パーティー〟である。孤独や孤立から逃れるために、結婚適齢期を過ぎた人たちは、男も女も必死である。

全国的に〝婚活パーティー〟は活況である。〝婚活〟〝婚活パーティー〟〝お見合いパーティー〟といった言葉で検索すると様々な業者がヒットする。インターネットではヤフーやエキサイトなど大手ポータルサイトが婚活ビジネスを手掛け、様々な業者が全国各地でパーティーを日夜開催している。

果たして〝婚活パーティー〟は中年童貞に有効だろうか。私は中堅婚活パーティー主催業者と参加者に協力してもらって、ある週末に銀座で行われた「大卒又は公務員又は年収350万円以上」の男性が参加条件のパーティーを取材した。

料金は男性が5000円、女性は参加条件なしで1500円。年収1000万円以上、医者、弁護士、社長限定など、男性の参加条件が厳しくなるほど、女性の参加料は高額に

なる。パーティー会場ではスーツ姿の男性20人と、正装した20人の女性が緊張した面持ちで向かい合っていた。

取材に応じてくれた山田正志氏（仮名・43歳）は、婚活歴10年。彼は中年童貞ではなく、婚期を逃した一般男性である。毎週土曜日に婚活パーティーに参加し続けているが、まだ結婚相手は見つからない。勤務先は父親が経営する街の不動産会社で、毎週土曜日だけは定時の18時で仕事を切り上げて銀座や新宿で開催される婚活パーティーに駆けつけている。

着席して女性陣を見まわし、溜息をついた。開始時刻の2分前になって20人の女性が揃ってズラリと並んだが、一瞬で惹かれるような女性はゼロだった。山田氏は28〜33歳くらいで、容姿が普通以上の女性を希望している。20人はいつものように容姿が劣るか年齢の高い女性が多く、対象となりそうなのは2人程度だった。

一対一で対面して参加女性全員と会話をする時間が始まった。「もう何百回と参加している。パーティーは、第一印象がすべて」と理解している。第一印象で対象外とした女性には当たり障りなく、二人の対象女性には、なるべく明るく爽やかな印象を持ってもらおうと、笑顔を絶やさずに全員と話した。

対面時間は、一人3分間しかない。出会いというにはあまりに短すぎる。仕事や趣味の話を軽くして時間は終了となり、これでは相手がどういう人なのかわかりようがない。婚活パーティーでお互いに伝わるのは、ルックスと年齢、それだけだった。

全員との対面が終わって、フリータイムとなった。山田氏がチェックをした2人の女性には、開始の合図と同時に他の男性参加者たちが群れていた。ほぼ全員の狙いがスペック上位の同じ女性であり、フリータイムは戦場となる。山田氏が狙っていた女性たちには、順番待ちの列ができていた。会場の片隅でつまらなそうに一人でポツンとしている女性もいる。可哀そうにと同情するが、婚活は結婚相手を見つけることが目的であり、男性も女性も弱者は容赦なく排除される。

終盤でなんとか目的の一人を捕まえて、自分が好感を持っていること、性格は明るく多趣味であることをアピールしたが、結局他の男性に持っていかれてしまった。参加者全員が気に入った異性の番号を提出、集計してカップル成立の発表があったが、山田氏の番号が呼ばれることはなかった。

「もう10年くらい通っています。ジムに行ったり、日焼けサロンに行くようになって外見を気にするようになってから、たまにカップルにはなるけど、その後が続かない。一度食事に行って終わりとか、二度会うことはめったにない。お互い微妙だなと思っているんじゃないですか。こういうところに出入りしている女性は基本的にイマイチな外見とか体型の人が多くて、決して高望みしているわけじゃないけど、普通の女性はせいぜい2、3人ですよ。その2、3人を全員の男が取り合うから本当に厳しい、競争が激しすぎる。結婚相手は外見じゃない、相性や性格だとわかっていても、婚活パーティーは目的の相手と長く話せるわけじゃないし、結局外見と職業くらいしかわからないですからね」

惨敗したパーティー後、山田氏は語ってくれた。

パーティーでは1割ほどしかいない普通以上のスペックを持つ女性を男性全員が取り合う。勝つのは若くて外見が優れている上、上場企業社員や社会的地位の高い職業に就く高収入の男性ばかり。パーティーでは一応全員に平等に機会が与えられるが、計算されたようにスペックの高い男性順にカップルとなっていく。

山田氏はスーツを着こなして、外見は若々しくてカッコよかったが、43歳という年齢と家族経営の零細企業勤めというのがネックだった。

「40歳までに決めきれなくて、本当に焦っています。焦っているというか、もうこの年齢になると、どんなに高いスーツを着たり、美容院に行ったり、ジムに行って体型を整えたりして見た目をごまかしてもダメです。希望している35歳以下の女性は、わざわざ40歳オーバーを相手にする理由がないし、私も余っている女性との結婚はどうしても考えられない。本当にどうしたらいいのかという状況です。家族経営の会社なので、仕事で出会いは一切ない。微かな希望を捨てずにもっとピッチをあげてパーティーに参加するしかない」

山田氏は受付で、翌日の日曜日に開催されるパーティーの予約をしていた。外見がまあまあ優れて、育ちも悪くなく、人並みの年収がある山田氏が、10年間を費やしてもたった一人の結婚相手が見つからないのである。

コミュニケーションに問題を抱えて恋愛競争に負け続けている中年童貞には、とても手に負える場ではないようだ。中年童貞だけではなく、中高年の婚活は就職活動を超える厳しい状況だった。相手に外見と収入、勤務先と趣味くらいしか伝わらないため、そもそも婚活をする必要のないスペックが高い男性だけが、女性とカップルになるという現実がある。

婚活女性が結婚相手に求めるのは年齢、外見、収入の3点である。どれが欠けても排除の対象となる。残念ながら多くの中年童貞が誇りにしている純粋さや優しさ、異性に対する潔癖さは、女性が男性に求める条件には入ってこない。

## 40歳を超えた男の婚活に希望はない

もう一人、話を聞いた。宮本啓太氏（仮名・42歳）は大手電機メーカーに勤めている。身長160センチ、体重80キロと外見に難を抱えている。年収は400万円前後で可処分所得の大部分を性風俗につぎ込む生活を続けており、30歳頃から本気で結婚を望んでいる。多くの中年童貞のように他者に対して閉じ籠もるのではなく、社交的で常に積極的に女性にアプローチしているが、結婚はできない。

「外見がダメだっていう不利な点はあるけど、年齢が一番大きいよね。自分らは団塊ジュニア世代で人口が多い。そもそも人口減とか晩婚化とかそういう社会背景があって、若い女の人がわざわざ40歳を過ぎた男を相手にする必要が大前提としてないわけ。年齢はもちろん、外見、年収とどれか欠けただけでも厳しい。なんとかなるかなと思っていたけど、本当にヤバいと思ったのは30代後半から。40歳を超えて、どうにもならないので諦めた。なにをしても、ダメ」

宮本氏は手当たり次第に女性にアプローチしているが、婚活サイトは全敗、職場と性風俗で女性と交流を持つことはしているが、性的な関係を持ったのは風俗だけ。素人童貞である。

「40歳を超えてからは結婚どころか、友達を作るのも難しい。40歳を超えた一般的な男じゃ基本的に無理。中年童貞とか素人童貞とか、非正規社員とか低収入では、相手に対して相当な妥協をしても厳しい。普通の女性ならば同じ年齢くらいでいい人がいるわけだし。それと、40歳を超えた自分と年齢が近い女性は、余りものというか、やっぱり問題があるから残っているわけ。こちら側が妥協するしない以前の問題で、例えば理想が高すぎたり、諦めきれない男がいたり、性格が悪かったり、すごいブスだったり。やっぱり適正年齢で結婚をできなかった人間は男も女も問題がある」

男女共に結婚を意識すると、ある程度条件をつけざるをえない。

年齢を重ねるほど、条件は厳しくなる。外見は人並み以上が男女共の最低条件で、これから家庭を築くとなると年齢、収入、性格とたくさんの問題をクリアしなければならない。中高年に突入すると、婚活パーティーのような刹那的な出会いの場で成功するには、自分の負けを認めるという妥協は絶対条件となるようだ。

宮本氏は40歳のとき、最後の手段として参加した婚活パーティーでまったく相手にされなかったことに絶望して自殺未遂をしている。

「外見が太っていて40歳で、年収も高くない。しかも素人童貞。誰にも相手にされないし、どんなに頑張って生きていても結婚できることはないなって。最後、婚活パーティーに賭けたけど、カップルになるどころか、妥協して声をかけた女からも、時間の無駄みたいな感じで会話すらしてもらえないことが続いた。リストカットみたいなものかな、もう諦めて死のうかなってなった。最後にやりたいことを書きだして、観たい映画を全部観て旅行に行って風俗に行って、やりたいことを一通りやったあと、本当に自殺しようとしたの。そのときはビニール袋の中にドライアイスを入れて、二酸化炭素を充満させて、それをかぶった。すーっと死ねるって情報を信じて本当にやったけど、苦しい。つらすぎて無理だった。生きちゃったからもう一度婚活パーティーに行ったけど、また同じで挨拶すらしてもらえない。それでもう一度ちゃんと諦めて首を吊ったけど、また死ねなかった。結婚すらできないのに生きている意味ないよね」

そう凄絶な経験を語りながら、遠くを見つめて笑っていた。

## 婚活パーティーに来る中年童貞の現実離れした要望

「国勢調査に基づく未婚率の推移」(2010年)に、35歳を過ぎた未婚男性が、44歳までに結婚できる割合は3%という衝撃のデータが出ている。2006年、35〜39歳男性の未婚率は30・9％、2010年の40〜44歳は27・9％という内訳で、35歳を過ぎた男性は、ほぼ結婚はできない。

「男性会員に真正童貞の方とかいますよね。そういう情報はありますか」

真正童貞という言葉を出すと、中堅婚活パーティー主催者の山野氏（仮名）は顔をしかめた。

「いらっしゃいますよ。ただほとんどの人が会話すらできないので、パーティーでは非常に迷惑な存在になっています。もうこの商売を10年近くやっていますけど、30代後半以上で童貞の人がカップルになったケースは記憶にないかな。コミュニケーション能力がないし、理想が高いし、相手の気持ちがわからないし、こういうパーティーでは競争がある以上、無理なんじゃないかな」

毎週末に数十人を集めて、パーティーを繰り返している業者でさえ、中年童貞が結婚どころか、その場でカップルになることすら見たことがないという。〝会話すらできない〟とは、どういうことか。

「うちは小規模なので、会員の男性にはセックス体験の有無を訊ねます。童貞の人に見られる傾向は、自分を過大評価していることです。適正年齢も超えてしまって、年収も低い、外見も悪い、コミュニケーション能力もないって状態なのに、自分の価値が低いって意識がない。婚活市場は本当にシビアで厳しい。相手の女性がなにを求めているのか、自分になにが足りないのかを客観的に理解して、直していかないと、とても成功しないです。うちに限らず、童貞の人や、ある程度の年齢で結婚できない男性や女性は、そういう現実がわからない、自尊心が強い人が多い。市場が求めているレベルに自分自身が達していなかったり、コミュニケーション能力が欠如しているのが失敗の原因なのに、パーティーにロクなのがいないって文句や苦情を言ったりする」

結婚ができない男女には、なにかしら問題があるようだが、その中でも特に自己評価と現実の市場価値がかけ離れているのが中年童貞だという。

「童貞の人たちの人格というか、人となりは似ていて、本当は婚活市場での偏差値は30くらいしかないのに、自分は50くらいって意識なのですね。自分をわかってなくて、あとちょっと改善してプラス5くらい成長して55になれば結婚ができるかな、くらいに思っている。結婚したい女性がなにを求めているか、こういう刹那的な出会いの場ではなにが必要か、何度失敗を繰り返しても現実をわかろうとしない。だから、取り残される。童貞の人は基本的に人見知りが多いから、誰ともちゃんと会話ができない。他人と比較して客観的に自分を見直したり、外部から情報を入手して成長するってことがないので厳しいです」

この婚活業者は、申し込みがあった男女を集めてパーティーを開催するだけではなく、できるだけマッチングするように男性、女性の全会員と面談して、相手になにを求めているのか確認している。性経験がないと答えた男性ほど、突拍子もない理想を語りだす傾向があるようだ。

「我々は人を集めて、パーティーを主催するだけでなくて、お客様をカウンセリングしてマッチングするように努力している。申し込みのあったお客さんにどのような出会いを求めているかを訊くけど、女性経験の少ない男性ほど〝恋人にするなら25歳以下で、処女で、モー娘。時代の安倍なつみに似ている感じ〟とか、〝20歳前後で可愛くて、処女の女性〟とか現実離れしたことを平気で言う。なんていうのか現実を知らないので、妄想が強い。そんなことを言っていると一生誰にも相手にされませんよって、データを見せながらはっきりと伝えるけど、わかってもらえない。

結局、パーティーに出席しても黙っちゃうか、話しても自分の立場がわからずに主張ばかり。当然ながら、女性はまったく相手にしないです。女性から苦情も来るので、後処理が大変です。それで全部我々の責任にして、文句を吐いて去っていったりする。何度も来てくれる童貞のお客さんには、なんとかしてもらいたくて、自分の話はあまりしないように、聞く側にまわるように、高い理想は捨てるようにと、いろいろアドバイスはしますが、無理ですね」

山野氏によると37歳の中年童貞の会員が、翌日のパーティーに参加予定のようだ。取材させてくれるように頼むと、「童貞という言葉は使わないこと」を条件に会わせてもらうことになった。

## スペック最悪でも優香みたいな女性と出会いたい

「3年前からあらゆる業者のパーティーに出席しているけど、一度もカップルになったことがないな」

そう無表情で語るのは、蒲田隆氏（仮名・37歳）である。

実家住まい。高卒、職業は弁当工場の非正規職員で、年収は200万円。平均5000円のパーティーや、1時間1万円の一対一のお見合いサービスを頻繁に使っているが、3年間でカップルになったことは一度もないという。彼はテレビ番組で婚活パーティーの存在を知り、恋人を作りたくて参加するようになった。

パーティー前に取材の場を設けてもらった。

――出身はどちらですか。

**蒲田**　東京。高校卒業して、プー太郎して、アルバイト始めたのかな。今、働いている工場では出会いがないからここを利用している。食品系の工場で10年くらい働いているかな。

――学生時代から恋人がいないんですか。

**蒲田**　なんで若い頃の話を訊かれるの？　全部、自分のこと言わないといけないの？

――いや、取材なので一応。どうして結婚しなかったのか、できなかったのかを知りたいです。教えていただけると。

**蒲田**　若いうちから結婚したいとは思わなかったから。今の状況では出会いがないから久々に彼女欲しいなって思って。結婚より、まず彼女だね。ここ何年か彼女はいないんだよね。

――収入はどれくらいですか。

**蒲田**　収入はあまりないかな。年収200万〜300万円。余裕ないね。住まいは実家です。ずっと実家。彼女は10年くらいいないかな。寂しいってのも、ありますね、街中でカップルを見ていると羨ましくなる。

年収はムッとされながらも、なんとか訊いた。人見知りが原因か、非常に雰囲気が悪く、おそらく女性に対しても似たような応対をしていることが想像された。彼女いない歴は事前情報では37年だったのに、私には10年くらいと嘘をついている。少しでもよく見せようと嘘をつくのもありがちな傾向である。

会話をするのが困難である。自分の価値が低いことを自覚したくないし、自覚していないので、リアルな情報を本人から聞きだすのは難しい。蒲田氏の実際は年収200万円以下、彼女いない歴37年、風俗経験はないはずだが、コンプレックスがあるのか本当のことは言ってくれない。

——出会いがなくて、職場に女っ気がなくてどうしていたんですか。

**蒲田** なにもないといえば、なにもない生活かな。収入低いから。高収入だったら風俗とか行ってみたいけど、この不景気なので転職とか無理だし。特に資格あるわけでもないし、仕方ないよね。

——3年前からパーティーに参加してどうですか。

**蒲田**　月2回とか、週1回とか、まちまちだけど。パーティーとか、一対一のお見合いとか、街コンとか参加している。今のところ全敗だね、カップルにはなったことがない。今のところね。気の合う人が現れないってだけだと思うけど。

——何度、出席しても女性の誰とも気が合わない？

**蒲田**　初対面同士だから仕方ないって割り切っているよね。回数こなすしかないって。37歳だし、中年だし、開き直らないとね。まあ、見ているとルックスがいい人とか、うまくいっているかな。俺は話が噛み合わないとか、隣に座っても沈黙だったり。うまくいかないかな。

——自分になにかが足りない、とか思います？

**蒲田**　気が合う相手がいなかったってだけじゃないの。自分のなにかが悪いから全敗とか思わない。初対面同士だし、そういうものじゃないのかな。

蒲田氏は、私がなにか訊ねると、機嫌が悪そうにふて腐れていた。何度パーティーに出席しても女性と会話ができないようだが、自分のコミュニケーション能力が原因ではなく、自分に合う相手が現れていないだけという認識だった。自尊心が強く、収入が低いということ以外の自分のマイナス要素からは目を逸らしている。

蒲田氏は時間を見つけて、少ない収入をやりくりしながらパーティーに参加し続けている。むっつりした表情で緊張しながら女性に話しかけ、いくらアプローチしてもカップルの知らせが届かない生活を継続している。外見はオタク系、服装は垢抜けておらず、恋愛経験もなくて年収200万円以下、貯金5万円で実家住まい。婚活市場の条件としては、これ以上ない最悪のスペックである。

「理想の恋人は優香みたいな感じかな。優香みたいな人だったら結婚して家庭を築きたいね。うまくいかないからって、いちいち落ち込んでも仕方がないので、今日は優香と出会えるかなと思って、前向きにパーティーに申し込んでいるよ」

シビアな婚活市場では何十年婚活を続けても優香は見つかりようがない。決して訪れることのない優しい優香のような女性との出会いを妄想しながら、また今日も婚活パーティーに通い続けて、会話すらしてもらえない厳しい時間を過ごすはずである。

男女ともに激しい排除がまかり通っていて、奇跡は起きない〝婚活パーティー〟には、中年童貞は当然、コミュニケーションが苦手な男性は手を出してはならない。自信を失って傷を深めるだけである。

## 中年処女と中年童貞の違い

激しい競争と容赦ない排除が繰り返される婚活市場は、とても中年童貞の手に負える場ではなかった。ではどうすればいいのか、どうすれば孤立から逃れられるのか。中年童貞の周辺は社会からの排除、孤立、対立、関係性の貧困、少子化、職場の混乱、幻想への依存と問題だらけだが、正面から議論されることがめったにないどころか、ほとんどの人が問題意識すら持っていない現状がある。

〝童貞〟〝中年童貞〟という言葉が挙がるのはセクシャル問題に取り組む一部のNPO、彼らをクライアントとする風俗業界、AV業界、オタクコンテンツ業界くらいだ。中年童貞の処方箋はどこにも見当たらない。流行の婚活戦線を中年童貞が突破するのは不可能だと知り、途方に暮れた私はある大物AV男優を訪ねた。小川氏（仮名）はAVに出演しながら、セックスや恋愛をテーマに日々様々な男女からの相談を受けている。

「中年童貞がどんなに孤立していても、本人の人生だからね。本人がなにも思わないならば、それでいいと思うわけ。ただ中年童貞とか中年処女とか、つまらない人生だよね。全員、そのまま終わらない方がいい。だからどんな年齢になっても、取り返しがつかないっていわれる年代になっても、自覚した瞬間から始めればいい。そういう人は、けっこういる。俺のところに来るのは中年処女が多いけど、遅くないですか？　って人はたくさんいる」

小川氏はそう話しだした。

処女の取材はしたことがないので知らなかったが、中年童貞と中年処女はまったくタイプが異なるようだ。中年処女は精神的に引きこもっている女性が多く、徹底的に能動的じゃない人生を送っているという。諦めの境地に達している、というのが実態のようだ。

諦めているのでどんなに自分が不遇だなと思っても攻撃的にはならない。労働集約型産業の末端で働く中年童貞に多く見られる、下の立場に威張る、イジメるなど、中年処女は人間関係に軋轢を生じさせることはない。

「中年処女の女性は、静か。なにに対しても自信がないの。だから何事にも関わらないようにしようって。そういう印象がある」

小川氏は中年処女に対しては、彼女たちそれぞれの魅力を伝えて何歳になっても決して遅くはなく、いつからでもチャレンジができることを話す。中年処女は中年童貞と同じく、関係性の貧困から生まれる客観性のなさがマイナスとなり、自分の魅力を知らなかったり、諦めなくてもいいところで諦めたりする傾向があるようだ。時間をかけて繰り返し魅力を伝えて、前を向かせ、30歳や40歳で初めて彼氏を作る人もいるという。

## 中年童貞には父親的存在が必要

中年処女と反対に客観性のなさから自尊心が肥大している中年童貞は、どうすればいいのだろうか。

「この人の言うことだったら聞いてもいいっていう存在が現れて、その人がアドバイスすればいろいろ変わっていくはず。根本はみんな真面目でしょ。心を許す環境とか人間関係があれば、ちゃんと話を聞くはずだよね。要するにお父さんが必要なわけ。結局、誰でもどんなにこじらせても親みたいな存在の人の言うことは聞く。特に男を変えるのは、お父さん。お母さんだと甘えるだけ。これまでと同じになる。ちょっと年上とか、ちょっと仕事ができるとかその程度だと男は言うことを聞かないの。どんな偉そうな奴でも、お父さんの言うことだけは聞く。そういう存在がいるかいないかだよね」

中年童貞には父親のような絶対的な権力の下で、再教育が必要だと言う。前章では、漫画家の田房永子氏が「中年童貞は毒親問題の変形、母親の羊水に浸っているまま」と言っていたが、精神的な未成長、精神年齢の著しい低さが問題なのだ。

「お父さんってなると、権力だけじゃない。どうしても血が繋がっているから愛情があるわけ。お父さんは一般的には不器用でうまく愛情を伝えられないけど、滝に落とすとか、そういう厳しいことをしても息子はついてくる。そういう教育ができる立場の人間が身近にいれば、中年童貞は変わっていける。自力では立ち上がれないわけだから、絶対的な父親のような存在がいないと厳しい」

基本的に他者の少ない中年童貞が、社会と接点を持つ場所は主に職場だ。

中年童貞が多いとされる介護施設、農業関係、警備、飲食店、コンビニなど、雇用関係にある会社の経営者、店長、責任者、上司が父親のような存在にならなければ、状態は改善されないということか。そのような労働集約型産業の末端は00年代に雇用が破壊されて、非正規雇用で合理性を追求している。無駄な時間はなく、基本的に職場は冷えきっている。

「中年童貞が目立つ存在になった理由に、職場が合理化して無駄がなくなったこと、そして女性がどんどん社会進出して力が強くなったことがある。格差が広がって下層が固定されて、女性はそういう人たちをまったく相手にしなくなった。加えて、団塊世代に父親になる力がなかったこと。60代の団塊世代と70代以上の人たちでは、父親としての能力が違う。団塊世代は甘やかされて育っているから、何事も自分を優先する。そういう人は子供を育てられない」

引きこもりやニートなど、関係性の貧困が問題視されたのはこの20年のことである。昭和までの男性は容姿が悪くても、就職できたし、結婚できた。働いて稼いで家庭を維持することで社会から認められて、それが自信にもなっていた。90年代以降にだんだんと自由が生まれたのと同時に、たくさんのものを失っていった。中年童貞とは社会が生んだものだったのだ。

しかし、父親になる力がなかった団塊世代が、自分がされたように子供を甘やかしたことが原因の一つとなると、豊かで甘やかされるほど人間の自立が阻害されることになる。これからの日本を支えていくのは、その後のバブル世代、団塊ジュニアに育てられた男性たちだ。中年童貞や関係性の貧困を抱える男性の問題は、これからもっと深刻になるのではないか。

## 好きな人としかしたくないなら実現に向けて努力すべき

小川氏は自身のブログに「中年童貞」について投稿をしている。


みんな誰でも童貞だった頃があるハズでそれのなにが悪いのか？

俺はやたら経験人数が多くなってしまったが、これでも童貞喪失は遅かった。確かにするチャンスは多々あったし、できない環境でもなかったように思う。

じゃあなぜに遅くなったのか。

それは俺が真面目に考えて、半人前である自分がそんな事シテはイケないと思っていたからだ。要するに硬派だって事だ。今じゃ他人の責任なんて取れないとわかってはいるが、当時の俺は取れると信じていたフシがある。だからまだ子供である自分がセックスなんてシテはイケないと、責任取れない事をスルべきじゃないと思っていた。

女性にとっての純潔のようなものは子供がむやみにイジッてイイ領域ではないと思ってたんだ。そーいうわけのわからない大事そうなモンを扱うには自分はまだ早い、時期尚早だと。


だから中年童貞のヒトは硬派、いわゆる志の高い人間で妥協できなくなっているんではないか？　と推測したのである。

オトシどころを逸してしまった場合はツライと思う。何をもってして区切りを付けるか？　っていうのは本人だけではムズカシイ問題だと思うからだ。例えば半人前だと思っていた俺は18歳で「まあいっか？」的な軽いキッカケであった。

元々軽い俺らしいと言えばらしいが、中々こう軽くできないヒトは多いのでは？と思う。セックスはいつも言っているがコミュニケーションでもあると思う。程度の差はあれ、例えば俺には喫茶店でお茶しておしゃべりしてるのもベッドでおしゃぶりされてるのもあまり変わらない。

童貞だから相手との距離がつかめないというのも乱暴なハナシで、それだけ高潔な志を持ったヒトならなにかあるんだと俺は思う。これから少しその問題に注目してみようと思った。

確かに〝理想の処女の天使が現れて、完璧な恋愛をしたい〟中年童貞は、理想の女性像と理想の恋愛と生活を追い求めている硬派である。女性に対して強固な処女信仰、貞潔信仰を抱いている男性が多い。それは現実離れしているが、見方を変えれば、現実が間違っているという考え方や、小川氏が指摘するように〝志が高い〟という解釈もできる。

「好きな人としたいのは、すごくいいこと。今まで経験がないのは、中年童貞は好きな人を汚したくない、好きな人に自分の欲望をぶつけたくないってことでしょ。それは正しい。だから根本的な考えは共感できる。けど、その価値観だけでは現実社会でやっていけなくなって、嘘をついたり、意識をごまかすから変なことになる。だから中年童貞の意識のごまかし、言い訳をお父さん的な立場の人に剝いでもらう作業が必要なんだ。要するに自分と向き合え、ということ。元々は好きな人としたかったんだろって。純粋な気持ちに立ち戻る。原点に戻ることができれば、こじれたものがだんだんと元通りになるはず。好きな人としかしたくないって気持ちが本物なら、硬派を貫いて、絶対に逃げないで実現できるよう努力するべき。

原点は素晴らしいのに、ねじ曲がるのがおかしい。自然界では交尾ができないで死んでいくオスはいっぱいいるわけ。想いを遂げられないで、死ぬ生物が存在するのはあたりまえのこと。そのあたりまえのことを大前提にして、自分を貫いて想いを大切にして生きていけばいい」

## 女性こそ、断られることを怖がっている

生物界では弱肉強食が基本である。

オーストラリアに棲息するセアカゴケグモは、80％の雄が交尾相手を一生見つけることができない。数匹の雄グモが雌の巣の上で雌の気を引く競争を行う。優位にある雌は雄に対して我慢テストを仕向けて、巣の上で一番長く待つことができた、最も忍耐力とエネルギーを持つ雄が勝ち残って、交尾して遺伝子を残すチャンスを得るという習性がある。

また米国ミシガン大学でショウジョウバエを使った実験が行われ、交尾欲のある雄のショウジョウバエを交尾ができないように制御した結果、寿命が最大40％減少し、好きなだけ交尾ができた雄は寿命に影響がなかったという研究結果が出ている。

人間だけでなく、競争に負けて交尾ができない生物が出てくるのは自然の摂理である。

「中年童貞は長い時間、屈折したことで生物として劣化している。自分が雌に受け入れてもらえないから、自分より弱い雌を自分色に染めるって妄想でしょ。それは本来の硬派な彼らの原点ではない。単なる逃げだ」

小川氏は中年童貞の一部に見られる処女信仰、少女信仰に対してそう指摘する。

女性の意識も時代によって変化する。日本にも戦前に貞潔な童貞が尊敬された時代もあ

ったようだが、団塊ジュニア世代の私の幼少時代から、女性が選択するのは、常にコミュニケーション能力が高く、なにかに優れている男である。真面目で気持ちが重い男はさけられ、軽くて楽しい人物に流れがちである。
「それは、とっつきやすいから。女性は安心を求めている。告白して断られるのが嫌なの。だから、大前提としてなるべく断られなさそうな男を選ぶ。雌は強い雄を選ぶのかって議論があるけど、俺の意見はそんなことはないね。俺もモテるけど、まず断らない、断られないって安心感があるからモテる。チャラチャラしている男って柔軟だし、なんでも受け入れるし、断らない。どうしてあんなのがモテるの？　って男はたくさんいるけど、それは安心感を女性に与えているから。よく観察するとモテない男には柔軟性とか、隙がない。男も女も今は精神的に弱くなっているから、隙がないとさけられちゃうよね」

中年童貞の原点にある「好きな人としかセックスしたくない」という硬派な価値観が一般的だったら、世の中には性情報が氾濫しなかったはずだ。自分の想いが遂げられないならば、セックスはしない。そういうシンプルな社会だったら、勝者も敗者もなくなっていたのだろうか。

## まず自分が競争に勝てる隙間を見つける

「中年童貞をなんとかしようなんて考えているのは、ナカムラさんだけだよ」

二村ヒトシ氏は苦笑いして、そう言った。

中年童貞には〝お父さん〟が必要という意見をもらったその足で、AV監督である二村ヒトシ氏の事務所に向かった。二村氏には『すべてはモテるためである』（イースト・プレス）という著書がある。〝あなたはなぜモテないのか。それは、あなたがキモチ悪いからです〟という強烈な一文から始まる恋愛指南本で、異性にモテるにはまず自分自身を深く知ることが大切だと説いている。まさに客観性を失い、現実や自分自身から逃避する中年童貞的な男性たちに向けられたメッセージといえる。

――AV女優のファンは中年童貞が多いですよね。

**二村**　AV女優を応援して自分を認知してもらえるとイベントで直接会話もできるし、ツイッターで返信をくれたり、メジャーなアイドルよりも濃く交流できたりする。DVDを買えば握手だけじゃなくツーショット写真を撮れたり、ハグや膝枕をしてくれたり、舐めたチュッパチャップスをもらえるイベントをやる女優もいる。ナマの彼女たちの近くに寄り添うのは楽しいこと。勘違いした面倒なファンも中にはいるが、見る限り紳士的な心優しい男性が多い。

——ハグのためだけに生きるというのも、一つの幸せかもしれないけど、日本社会はそんな男性ばかりになっていないか。それでいいのかと悩みます。

**二村**　僕が書いた本は恋愛自己啓発だけど「闇雲にナンパするのではなく、恋愛以外で自分のキモい自意識と向き合って、人と対話できるようにならないとモテないよ」と述べた。恋愛やセックスや結婚は、まず友達ができて、明るくなってからでいい。だから必要ないプライドを捨てるために、男女が集う場所や、他人と対等に付き合える場を見つけることが先決。中年童貞は婚活市場に金を払うより、共通点のある男女が集まるサークルみたいな場所に謙虚な気持ちで参加する方が効果的なのでは。

——確かに会話ができなくて、友達になれないようでは、恋愛は難しい。

**二村**　現代のオタクとか中年童貞の大きな問題は、それまでの人生で被ってしまった仮面を脱げなくなっていること。「オタクであること」が硬直化しているのが問題。昔のオタクはインテリ系だった。彼らは頭がいいので、自分の妄想が笑われているのがわかった時点で、自分でも自分のことを笑うことができた。今は笑われていることを自分で受けとめられる場所がないから、本当にヤバい人が、ますますヤバくなる構造になっている。

——あらゆる格差が広がって、負けた人が立ち直れなくなっている。

**二村**　オタクがこじれているわけではなくて、他にどうしようもない人がオタクになることに逃げ込んでいる。逃避している。さらにオタクにすらなれない人たちがいて、ナカムラさんの研究によれば彼らはマインド・コントロールされてブラックな業界に集められて働かされているわけですよね？　ＡＶも買えないからＡＶ女優にも相手にされない。居場所がどこにもないことに苛々して、ツイッターでＡＶ女優を罵ったりする。売春婦とか穴貸しとか、顔が見えないのをいいことに暴言を書く。

——この本でもいくつかサンプルを載せましたが、攻撃性が弱者から弱者に向かっていく傾向があります。破滅的です。

**二村**　プライドを保つために、自分より弱い者を見つけたい。ただＡＶ女優なんかを相手にすると、10倍にして返してくる気の強い娘もいる。彼女たちは弱者じゃないから相手を間違っている。ボロクソに言われて、目も当てられないことになる……。僕自身もプライドが高いキモい人間なんだけど、アダルトビデオが好きだったのでそれを仕事にしたら成功して、キモい奴にしか書けない本を書いて売れたら、僕のことをキモくないって言ってくれる人が現れた。まあ、運がよかったんだと思う。僕は昔からイジメる側とイジメられる側を行き来している最低の人間だったから。

――二村さんは医者の息子で幼稚舎からの慶應。表面的には社会の上層です。

**二村**　医者なのは母親で、裕福だけど母子家庭というケース。弱虫のお坊ちゃんで、オタクでイジメられっ子でしたよ。勉強はできないし、そのくせ性格が理屈っぽくて、自分より弱い者をイジメていた。中学高校までそんな感じ。教室カーストで底辺だけど、最底辺ではない。僕をイジメる人はいたし、僕からイジメられる人もいた。AVの仕事をしてなかったらきっとロクにセックスできない大人になっていただろうという気持ちがあって、だから中年童貞にはシンパシーも感じる。精神的な底辺層から抜けられたのは、自分でなにかをやって、それを人から面白いと言われてから。ダメ人間を自覚しながら、でも半分はきっとダメじゃないという根拠のない自信があって、劇団を作ったり、AV男優になったり。だんだんと変わっていって、今があるという感じ。

弱者を攻撃してその場の優越感に逃げるのではなく、自分が競争に勝てる隙間を見つけることか。それは難しい。

心をこじらせる中年男性は、格差が広がるほど増える。現在、政府が議論しているネオリベラリズムや雇用の規制緩和が進行すると、非正規雇用が中心の労働集約型産業の現場は、格差の下層となる。非正規雇用の中年男性を受け入れている職場が、現在以上に混乱するのは想像するだけでもおそろしい。おそらく職場として成り立たない。

――これ以上、労働集約型の職場の末端に、中年童貞的な人が増えるのははっきり言って厳しい。なんとかしないといけない問題です。

**二村** 僕は北欧が好きで何年かごとに遊びに行く。仕事をサボって半年間ほど住んでいたこともある。あちらは物価が高くて、でも酒税だけは安くてコンビニではビールが水より安い。寒さが本当に厳しいから、アル中になって住む家がない人は生きて冬を越せないんじゃないかな。日本やアメリカみたいに浮浪者が街で目につかない。まるで国策として、わざとアル中になる弱者層を作って、彼らを凍死させることで自然淘汰しているように見える。半分冗談だけど、半分本気でそうじゃないかと思うんだ。アンデルセンの国だから、生きていけない人は眠るように凍え死んで、神に召された方が幸せだという『マッチ売りの少女』の思想ですよ。

――社会に適応できない人が死ぬんですか。

**二村** 北欧の物価が高いのは税金が高いからで、福祉は非常に整っている。教育も医療も無償。いわゆるブルーカラーの、例えばゴミ収集の作業員とかもリラックスして楽しそうに働いていた。女性の権利も地位も高く、高所得の女性とブルーカラーの男性が恋愛することも少なくない。障害者にも福祉が手厚い。その温かい制度からすらも脱落して、体は健康なのにアル中になるしかないという人は雪の中で安らかに……。全員を助けることはできないからね。お金持ちから高い税金とって格差を減らし、真面目だけど報われない人に福祉を手厚くし、自業自得で本当にダメな人だけを切り捨てて死ぬに任せるというのは、今の日本では、できないでしょ。金持ちも弱者も、どっちも反対するだろうし。

――政治を変えないと、中年童貞の現状は変わらないと。

**二村** 救いのない負け組を作っているのは政策だから。なんとかなる人は、振り返って「俺はキモかった」って反省して前に進めるけど、本当にキモい人は怒るだけ。すぐにキレる中年童貞は、北欧だったら凍え死ぬ人たち。それと、キモい人たちというのは底辺だけじゃなく、実は世の中を支配している層にも数多くいて、それがまた問題を根深くしている。

## 中年童貞もヤリチンも同じ。母親に復讐している

数々の規制緩和によって競争が激しくなり、格差が広がっている。それと同時にインターネットが整備されて、個人主義が進み、様々な価値観が生まれている。企業が自由に競争して、自由にコミュニケーションができるようになった代償として孤立する人間たちも増えた。

女性や社会から弾かれた中年童貞だけではなく、ある一定層の男女にも生きづらい世の中である。また、その自由な風潮を利用する人物や業界によって、この10年間で人の心は操られ、搾取されている。

二村氏や私が詳しいアダルトビデオの業界では、00年代前半に精神的に脆い女性たちを前向きな言葉で操って競争を促し、激しいプレイに向かわせる性的搾取が横行していた。最近ではワタミの理念経営が象徴する、会社理念で社員や従業員を拘束するブラック企業や、民営化された介護や保育業界での、ポエム的な言葉で職員を洗脳する〝やりがい搾取〟が一般的になっている。

二村氏は個人主義が進み、家族や地域も崩壊して生きづらさを抱えている男女の心の問題を〝心の穴問題〟と呼んでいる。

――今、心地よい言葉で人々の心の穴を埋める商売があちらこちらで流行しています。

**二村**　僕が〝心の穴〟と呼んでいるのは、幼いときに親との関係で刻まれてしまった〝思考や感情や行動の癖〟で、ようするに自己嫌悪や、偽りの自己肯定感や、強すぎる自己愛のこと。それは誰にでもあるもので、うまく生きられている人というのは自分の心の穴と折り合いをつけている人だけ。ところが僕も含めたある種の人間は、生きづらい人の心の穴を見つけて、そこにつけ込んでコントロールできる技術を持っている。仕事でも恋愛でも消費でも、今は社会全体が操る側と操られる側、その関係性で成り立っているようにも見える。00年代前半、AV女優には心の穴が開いているという前提で、AVの作り手が〝俺のことを父親と思え、恋人と思え〟みたいなことを言って、あるところまで引き寄せて依存させ、それ以上商売にならなくなると切り捨てるというのを繰り返すケースがあった。僕も、それをやっていた。「俺は金が儲かっていて、女たちや弱者たちから愛され尊敬され、世間からも承認されている」という幻想にしがみついていた。これはAV以外の業界でも見られる構造でしょう。メンヘラ（精神を病んだ人）女性や中年童貞やポエム労働者の側だけじゃなく、実は世の中の多くの経営者、弱者を搾取するビジネスをやっている企業のトップや、モテているヤリチンの男性にも、心の穴が開いているんです。

——社会起業系やベンチャー企業も酷い状態です。

**二村**　深刻な貧困とか家庭崩壊による虐待とかが加わって、負のスパイラルになっている。人に依存したり人を支配したりせずに、まっとうに自分の心の穴と向き合えている人間を見つける方が難しい。それでもみんな生きていかなきゃならないから、誰かが与えてくれるポエムで穴を埋めるしかなくなる。

——最高にキモチ悪いです。

**二村**　操られる側の人間には被害者意識が、支配する側には罪悪感が、無意識下に渦巻いている。中年童貞やネトウヨの人たちは被害者意識をこじらせていて、負の感情をエネルギーにして過剰にアイドルの応援に没入したり、それをちょっとでも裏切られたように思うと激怒したり、ヘイトスピーチに走ったり、さらに弱い者をイジメたり。僕はAV女優をコントロールして搾取する側だった。自分はキモチ悪い人間なのに、ある種の女性とはセックスができて、セックスできるのは嬉しいけど罪悪感が残る。それも負の感情だから精神的に行きづまったり、ネガティブになったりする。鬱っぽくなった時期もありました。

## 人間として弱い個体はいらない

職場でイジメやパワハラを繰り返し、一日中誰かの愚痴や悪口を言っている中年童貞の源は被害者意識であり、負のエネルギーという。そのエネルギーは職場の混乱や産業の破壊だけでなく、ＡＫＢなどの流行にもリンクしている。

——ＡＫＢ商法にも繋がっていると。

**二村**　常識の範疇で応援しているならいいけど、破滅しかねないような金額を突っ込むのは「自分の存在が彼女たちの人生を左右できる」という幻想を与えられているから。実際にＣＤを１００枚、２００枚と買って、自分が選んだ女の子の順位を上昇させることができる。たくさんのファンの一人として応援するのではなく「自分の持っている影響力は弱くない」って夢を持てる。大金を投入した人は〝俺があの娘を育てた〟って思うだろう。そう思う彼らが悪いのではなくて、同じＣＤやＤＶＤをたくさん買わせるシステムが歪《いびつ》だよね。「愛されない」っていう被害者意識のある男たちの心の穴を突いてお金を搾取するビジネスが、彼らの状況をますますヤバくしているわけだから。

——確かに恋愛しているみたいな感覚になる人もいます。

**二村**　ホストにお金をつぎ込む女の子たちが20年前からやっていたことを、今の中年童貞たちはさせられている。女性は自分のカラダで稼いだお金を突っ込むことが愛だと思って、ホストたちをケアしている気になっていた。女の人ができること、やりたいと望んでいるのは〝ケアをすること〟だから、依存先の男を甘やかす。ところが男は金を「自分の〝力〟だ」と思い込むので、AKB商法のシステムだと男は〝あの娘を育てている、支配している〟という幻想になる。それでリビドーが満たされている気にさせられる。どっちにせよ、厳しい妄想。

——心をいじられる商売からは、逃げた方がいいですね。

**二村**　心をいじられている間は幸せだし、前向きに生きられているような気がするわけだけど。

——また中年童貞にはマザコンが多い、という傾向も見えてきました。酷い人になると自立する気がまるでない。

**二村**　というより、マザコンであることが「すべての負の連鎖」の根本原因なんじゃないかな。母親に支配され続けて癒着を切ることができずに育って苦しかった人間は、女性ならなにかに依存するようになるだろうし、男性なら〝女〟に復讐しようとする。ところが中年童貞は現実の女の子を支配することで復讐できないから、風俗嬢をストーキングしたり、ＡＶ女優をディス（侮辱すること）ったり、ありえない大金をＡＫＢにつぎ込んだり、いきなりノコギリで切りつけたりする……。裏表の罪悪感と被害者意識を持っている僕も、マザコンだった自覚がある。ヤリチンと中年童貞は、同じことをやっているんです。マザコンの中年童貞は他人とコミュニケーションするスキルを母親に奪われて、普通に働くことができず、厳しいことを言われると逆上してキレる。40、50歳になった男が、60、70歳の母親と2人で暮らして、帰宅するとご飯が出て、機嫌が悪いと文句をつける。甘えながら同時に憎んでいる。モテるヤリチン男は、依存してくる女を虐待するようなセックスをして、彼女を憎みながらモテているという関係に依存している。ブラック企業経営者も、底辺層を支配して虐待しながら、システム上は彼らに依存している。みんなマザコンなんですよ。

――相手の気持ちを考えられなくなるということでしょうか。中年童貞が働く職場が混乱する理由が見えてきました。

**二村**　マクロ的に考えるとすべての人の遺伝子が次世代に残るわけじゃないんだから、本当にキモくて他人に迷惑もかける奴が恋愛も結婚もできないのは、仕方ないこと。ただこの傾向が進んでいくと、どんどん社会全体がギスギスしていく。それが大問題だと思う。

## 日本社会を覆うキモチ悪い状態

二村氏が言う〝中年童貞はどうすればいいのか？〟という問題は、歪な商売である心の穴を埋めるコンテンツや、心を操ろうとするＡＶ監督、支配しようとするポエム企業など、に依存しているだけでは、なにも解決しない。北欧のアルコール中毒の人たちのように死ぬことなく、生きるためには、人生のどこかで成功体験を摑まなければならないということだった。

中年童貞だけではなく、現在、日本全体を覆っているのは、決してモテることのない〝キモチ悪さ〟というものだ。

孤立する人間の淋しい心を利用して利益を得ようとする人間に依存することは〝キモチ悪い〟と一刀両断される不健康な状態であり、その心を利用して利益を得ようと操る側も同じ〝キモチ悪い〟病である。実際に従業員を洗脳する理念経営の先駆者である渡邉美樹は幼少時代に母を失ったショックを引きずって新興宗教にハマり、人を言葉で徹底支配する理念経営者を志しているし、最近問題視されている「夢」を語りまくる異常な祭典である居酒屋甲子園や介護甲子園を仕掛けているのは倫理研究所と呼ばれる宗教的な団体だ。00年代にAV女優たちを操った男たちはみんなメンタルに問題がある人々だった。言葉やポエムに群がって心の穴を埋めたり、心を操ったりして利益を得ようとする人々は総じて〝キモチ悪い〟ことは間違いなく、女性たちに排除される存在である。

中年童貞が象徴している日本全体に蔓延する〝心の穴〟から逃れるためには、〝キモチ悪くない〟人生に方向転換しなければならない。要するに自立しなければならない、ということだ。

処方箋としては〝厳しいお父さんの存在〟〝マザコンからの脱出〟、それに〝自立〟の三つが浮かんだ。自分を思ってくれる父のような存在である厳しい男性の話に耳を傾け、数十年間面倒を見てくれた母親からは独立し、ポエム企業には入社せず、淋しさを埋めてくれる各種コンテンツやアイドルからはなるべく逃げる。そして自分がオープンマインドできる居場所を見つけて、対等な関係の誰かと積極的にコミュニケーションをとるべきなのだ。

# エピローグ

## もうすぐ初体験を済ますかもしれないネトウヨ宮田氏

ルポ中年童貞は介護現場の混乱からその存在に気づき、「現代の日本を象徴するなにかが現れているのではないか」と始めた取材だった。進めていくうちに労働集約型産業の末端にある〝職場の混乱〟や〝迷惑な存在〟という私の気づきからはどんどんと離れ、多くの中年童貞は女性と社会から排除された存在で、〝社会的な生と死〟〝生物的な生と死〟というギリギリの狭間を生きているという深刻な事態を知ることになった。性の選択は個人の自由だが、いつ死ぬかわからないギリギリの狭間からは誰もが逃れるに越したことはない。

危険を自覚して生きるために必死に脱出しようとする人もいれば、なににも気づかず今日も愚痴と悪口を垂れ流す人もいる。自覚のある人もない人も、自力で脱出することが困難な状況下に日常があり、処方箋を探そうといっても簡単には決定的な言葉は見つからなかった。

本書の締めくくりに今回の取材で唯一、明るくテンションが高かった〝ネット右翼〟の宮田氏にもう一度会うことにした。iPhone 6が発売となって稼ぎどきのようだ。安価な深夜バスを使って、頻繁に自宅のある名古屋と最も高額でスマートフォンを買い取ってくれる秋葉原の店を行き来していた。

　スキンヘッドの宮田氏は二度目も、エネルギーに溢れたテンションの高い状態だった。

「まだ童貞ですよ、当然じゃないですか」

　なにかいいことがあったのか。表情が緩んでいる。

「中年童貞だけど、今はとんでもなくリア充ですね！　毎日楽しくて仕方ない。こんな貧乏で、無職、童貞で彼女がいないのに、どうしてこんな毎日楽しいのだろうって思う。毎日がこんなハイテンションな状態だから、今年中に初体験とか言われるけど、そんなことを言われてもう3年くらい経ちますね。他の童貞みたいに理想が高いとか、童貞を守っているとか、女は汚くて付き合えないとかまったくない。棚ぼた的に女が寄ってくれば、とか期待しているだけ。モテる努力しようとか、そういうつもりはないですね。でも楽しい。ネトウヨも絶対にやめるつもりないし。中年童貞だって楽しく生きるために、自分の根本を変える必要はない。ちょっと一歩を踏みだすだけ」

　宮田氏はちょっと待ってくださいね、と言ってスマートフォンを取りだした。ニコニコしながら、なにかSNSでつぶやいている。

〝ウヨだった朝日や知識人が敗戦でGHQにおもねりブサヨに転向したのと同様、ウヨ商売の方が得になると判断したから乗り換えただけでしょ。ブサヨゴキブリメンヘルなんて所詮そんなもの。〟

〝有名なパラオ橋崩落大虐殺をはじめ、世界中で欠陥工事で人殺ししている糞チョソン人だが、国内で勝手に自国民同士殺しあっているだけなら問題ないんでご自由にどうぞ。〟

私もログインして彼のスレッドを眺めると、そんなことを書いていた。とにかく韓国について吐きだすことは日課を超え、日常に染みついていた。最近リア充になって出席する機会の増えた女性のいる飲み会の最中でも、反韓つぶやきはするそうだ。

「僕が所属している某読書会は、本当に素晴らしい。入会してから5年間、週3回は関連イベントに行って、女の子を集めて唐揚げ作ったり、女の子と飲みに行ったり、キャンプしていますよ。10年以上引きこもりで自炊だったじゃないですか。外食は一切しない、貧乏だし。自宅で唐揚げとかよく作っていたんです。ある日、北海道のザンギ（唐揚げ）の話をしたとき、読書会の女の子が〝ザンギってなに？〟って訊いてきた。〝今度食べたい！〟っていうことになって、10人くらい女の子が集まったんですよ。しかも自分たちで材料費を払ってまで参加して、僕を囲む会みたいになっている。四方八方に笑顔の女の子たちがいて、まじかよって。男料理で雑だし、中年童貞が作っている料理を女性がおいしいって食べてくれるなんて思ってもみなかった。自分が価値を置いていなかったことでも、他人を喜ばせられるって知った。もう、楽しい以外の何物でもない」

緩みきった笑顔で〝楽しい〟という言葉を連発している。

宮田氏は〝婚活パーティー〟などの異性を値踏みして取り合う競争の場ではなく、自分の得意としている読書好きな男女が集まるサークルに思い切って飛び込んだ。最初は気持ち悪がられながらも、中年童貞である自分を晒けだし、そのうちぽつぽつと認めてくれるメンバーが現れた。一歩外に出て他者と交流する楽しさを知り、今では女性10人に囲まれる状態にまでなったそうだ。すでに一般の四十路男性をはるかに超えている。

「最近はネトウヨとか左翼の反レイシズム団体との戦いなんてやめて、ポジティブなことつぶやいて〝中年童貞、コミュ障に希望与えてよ〟なんて言われるけど、自分が楽しくて舞い上がって冷静じゃないので、どうしてこんな楽しいのか、まだ理由がわからない。今、中年童貞とかコミュ障で苦しんでいる人にノウハウを教えられるような状態ではないかな。自分では文章化できないけど、ただ本当に楽しい。働かないで好きな本ばかり読んで、韓国への怒りつぶやいて、それで女の子に囲まれるいろんなイベントが毎週あって、本当にリア充ですよ」

宮田氏から学ぶところは、無用なプライドは捨て、居場所に自分が得意とする場所を選んだことだ。16年間、アパートの部屋に引きこもっていたので、大多数の中年童貞と同じく、彼も当然大きく意識が社会からズレていた。エクセルで女性たちの採点表を作ることに象徴される〝著しくズレている〟行動を、何度も他人から笑われイジられながら、時間をかけて矯正している。

「主宰者の方が根気よく付き合ってくれて、一方的に知識をひけらかすのではなく、他人と会話ができるようになった。僕は長くネトウヨしすぎて反レイシズム団体に攻撃されている。反レイシズム団体はまったく関係のないその主宰者の方や、読書会のメンバーまでバッシング対象にしてすごく迷惑をかけているのに、いつも明るく受け入れてくれる。感謝ですよ」

その読書会主宰者は、中年童貞が生きるために必要な〝お父さん〟的な立場となった。宮田氏が笑顔のおさまらない現在を迎えている背景には他人と対等に付き合える居場所、そして信頼関係があって再教育してくれる〝お父さん〟的な存在があったわけだ。

宮田氏は本当に初体験まで、秒読み段階に入っている。

# おわりに

中年童貞の取材を始めたきっかけは偶然である。

2013年末、幻冬舎の編集者である竹村優子から「幻冬舎plus」というウェブサイトを立ち上げるとのことで、電話がかかってきたことに始まっている。そのとき、私は東京の外れにある、女子高生をコンクリ詰めにするような事件が起こる地域で、胸いっぱいに絶望感を抱えながら高齢者を介護していた。すでに関わってから6年が経っていた。

今思えば、そんなところで、社会から追いだされた人たちのセーフティネットとなっている介護という仕事に関われれば、平穏に生きられるはずがない。

異常としかいいようがない様々なトラブルの無限ループであり、1秒でも早く逃げだしたかったが、経営者なので辞めるに辞められずにいた。精神的には嫌気や疲弊を超え、常に絶望しかない。出版不況で雑誌がなくなってライターとしての役割を終え、介護業界という想像を絶する場所に身を置き、それまで普通に暮らしていたはずの私はおそろしい魑《ち》魑魅魍魎《みもうりよう》が群れる底辺の一人になってしまった。無知による職業の選択ミスであり、おそらくあと30年間くらいは残っているだろう人生を半ば諦めた。

私は元々ネガティブな性格である。子供の頃から常に最悪を想定しながら生きてきたが、本当の底辺に転落してしまったこの6年間の出来事は、想像していた〝最悪〟をはるかに超えることばかりだった。妻と子供には申し訳ないが、車中で練炭でも焚いて自殺しようと思ったこともあった。

介護現場の末端には、社会から弾かれた人材を操って、金と社会的名誉を摑もうとする地獄の商人のような薄汚いベンチャー企業が群れている。現状は、社会のゴミ箱だ。将来的にはどこかに破棄されるだけの存在である。生きている価値がない、死ねばいいのに、常にそんな声がするような底辺だ。こんなことを書きながら「ゴミ箱とはなんだ！　ふざけるなぁ!!」という声が聞こえてくる。能力が高くて、真面目に良心的に取り組んでいる人もたくさんいるが、近寄ってくる者すべてを吸収しないと成り立たない、〝ゴミ箱〟という表現は事実なのだ。

「お久しぶりです、ナカムラさん。お元気ですか？　実は幻冬舎で新しくウェブサイトを立ち上げたんですけど、なにか書きませんか？」

電話口から竹村の声が聞こえた。久しぶりである。

彼女は、名の通った会社で働いていて、文化人や芸能人の本を作り、雑誌に出てくるような原宿か千駄ヶ谷あたりのお洒落なレストランで毎日ランチしているような雲の上の存在だ。私は出版界から弾かれて、ゴミ箱の中で蠢《うごめ》いている身である。経済的な貧困と関係性の貧困を抱えている人間たちに囲まれながら、イジメや諍《いさか》いごと、虚言や奪い合いが横行する荒れ果てた中で生きる転落者である。なにを言っているの？　と思った。しかし、竹村優子の声にはゴミ箱の日常では聞くことのできない品があった。久しぶりに転落する前の平穏な日々を思いだして、自分はまだ雲の上と繋がっているとホッとした。同時にお洒落なレストランでランチしているような奴が、どうしてこんな底辺に連絡してくるのか、という苛立ちも沸きあがる。

「てめえ、ヘルパーの資格持ってねえのに介護なんてしやがってよ！」

私が携帯電話で話している横で、第六章に登場する坂口が顔を真っ赤にして怒鳴っていた。アルバイトで入ったばかりの気が弱い女の子に威張り散らしている。視界にはいつもの絶望的な風景があった。うんざりするにもパワーがいる。心の底から嫌なことも毎日のように繰り返されると、麻痺して異常を異常と感じる力がなくなる。地獄の日常的な雑音と、竹村優子の声がこだました。

「じゃあ、中年童貞」

「え？　ちゅ、中年童貞ですか。それは中年男性の童貞問題ってことですか？」

「そうだよ」

「でも、ナカムラさん。セックスの経験があるかどうかは個人の自由じゃないですか。ノンフィクションのテーマになるんですか」

アルバイトの女の子は泣きだしてしまった。勝ち誇ったような顔をしている坂口と、竹村優子の返答に苛立ち、「なにが個人の自由だよ。なに言っているの。お洒落ランチなんて食べているから底辺がどんな地獄かわからないんだよ」と言った。

「あのう、どうして童貞であることが地獄なのでしょうか」

電話を切った。ヘラヘラしながら威張り散らしている坂口を横目に〝中年童貞はどのような存在なのか？〟をノートパソコンに打ちまくった。翌日に第六章に掲載されている〝介護人材と中年童貞〟を書き上げた。すぐに竹村優子のメールに送信した。その原稿は誤字脱字を直しただけで幻冬舎ｐｌｕｓに「ルポ中年童貞」として掲載された。

その夜、ネットは炎上した。「ルポ中年童貞」は数日間に及んで、ものすごい数の人たちに読まれたのだった。

偏見、ヘイトスピーチ、中年童貞に親でも殺されたのか？　と批判を浴びたが、私は坂口をはじめとする童貞の男性たちと仕事をし、虚言にふりまわされ、数えきれないほどのくだらないトラブルに巻き込まれ、金銭的なダメージを受け、膨大な時間を無駄にして、自分自身が諦めの境地に達するまで追い込まれている。なにを言われようが、そういうことなのだ。

坂口のような人間がいると、職場は機能しなくなる。産業自体が倒れることになるかもしれない。介護事業所は高齢社会を迎えるにあたって絶対に必要な存在である。しかし、このまま坂口のような奴に侵食されてはならない。

私は絶望の境地から一歩踏みだして、中年童貞の取材をすることにした。「ルポ中年童貞」はあの日、竹村優子から電話が来なかったら存在しない連載だったのだ。

私の中年童貞への意識は坂口という偏った存在から始まっているが、取材を続けると時代を反映した様々な〝なぜ〟が飛びだして衝撃の連続だった。社会の個人化、核家族化、少子化、婚姻率と見合い結婚の減少、雇用の非正規化、家族的価値観の崩壊、経済的な貧困、関係性の貧困、労働集約型産業の深刻な人手不足、女性の社会進出など、社会的要因が重なって生まれたのが〝中年童貞〟だった。

秋葉原で私と編集者に声をかけられ立ち止まってしまった本山氏が最初のインタビュー取材である。コミュニケーション能力がないことが発端となって諦めの境地に達した告白と、生活の場としては淋しすぎるオタクシェアハウスを眺めて、知らない間に社会は大変な局面を迎えているのではないかと感じた。そして、コミュニケーション能力がないというだけで排除され、複雑にねじ曲がる高学歴中年童貞の存在を知り、〝コミュニケーション能力格差〟というべき現象を目の当たりにした。

中年童貞は、坂口のような「社会を母親の羊水」と思っている人間と、高学歴中年童貞に象徴される排除を自覚しながら悩みすぎてさらに深刻な状態になる人間の二つに大きくわけられる。無自覚な坂口も、自覚している高学歴中年童貞も〝生と死〟の狭間をなんとか生きていた。

竹村優子が最初に言っていた通り、性は個人の自由である。他人が口を出すべき問題ではないことは十分に理解できるが、取材を進める以上は目的を持たなければならない。この1年間、中年童貞の取材を継続しながら見つかった私なりのテーマが〝死ぬのはやめよう〟ということである。

生物的、社会的、人間的、産業的に死を迎えることはあってはならない。〝個人の自由〟を超えて優先して考えられるべき事案である。

竹村優子から電話が来て始まり、手探りの中で〝中年童貞の可視化〟という問題提起をした「ルポ中年童貞」で完結するのではなく、もう少し継続してみようと思っている。

中村淳彦

２０１４年12月

著者略歴

中村淳彦
なかむらあつひこ

一九七二年東京都生まれ。大学卒業後、ノンフィクションライターになる。
企画AV女優たちの衝撃的な生と性を記録した
「名前のない女たち」シリーズは代表作となり、映画化もされる。
一時期、高齢者デイサービスセンターの運営に携わるも手を引き、
現在は、ノンフィクション、ルポルタージュを中心に執筆。
著書に『職業としてのAV女優』(幻冬舎新書)、
『崩壊する介護現場』(ベスト新書)、
『日本人が知らない韓国売春婦の真実』(宝島社)、
『ワタミ・渡邉美樹　日本を崩壊させるブラックモンスター』(コア新書)、
『日本の風俗嬢』(新潮新書)などがある。

幻冬舎新書 371

# ルポ 中年童貞

二〇一五年一月三十日 第一刷発行
二〇二三年四月二十日 第四刷発行

著者 中村淳彦

発行人 見城 徹
編集人 志儀保博
発行所 株式会社 幻冬舎
〒一五一-〇〇五一 東京都渋谷区千駄ヶ谷四-九-七
電話 〇三-五四一一-六二一一(編集)
〇三-五四一一-六二二二(営業)
公式HP https://www.gentosha.co.jp/
ブックデザイン 鈴木成一デザイン室
印刷・製本所 中央精版印刷株式会社



Printed in Japan ISBN978-4-344-98372-4 C0295
な-12-2

＊この本に関するご意見・ご感想は、左記アンケートフォームからお寄せください。
https://www.gentosha.co.jp/e/

# 幻冬舎新書

中村淳彦
## 職業としてのAV女優

業界の低迷で、現在は日当3万円以下のこともあるAV女優の仕事。それでも自ら志願する女性は増える一方。なぜ普通の女性が普通の仕事としてカラダを売るのか？　求人誌に載らない職業案内。

鈴木大介
## 最貧困女子

「貧困女子」よりさらにひどい地獄の中でもがいている女性たちがいる。「貧困連鎖」から出られず、誰の助けも借りられず、セックスワーク（売春や性風俗業）をするしかない彼女たちの悲痛な叫び！

岸 恵美子
## ルポ ゴミ屋敷に棲む人々
孤立死を呼ぶ「セルフ・ネグレクト」の実態

悪臭のする不衛生な「ゴミ屋敷」で、他者の介入を拒否して暮らす老人のほとんどは、実は「セルフ・ネグレクト」の状態にある。彼らはなぜ自らの人生を「放棄」し、ゆるやかな死を選ぶのか。

鈴木伸元
## 加害者家族

犯罪の加害者家族は失職や転居だけでなく、インターネットでの誹謗中傷、写真や個人情報の流出など、悲惨な現実をまのあたりにする。意外に知られていない実態を明らかにした衝撃の一冊。